Douglas Cooper

LEBEN HEISST LIEBEN

*Gottes Liebe macht jeden Tag
zu einem neuen, beglückenden Erlebnis*

SAATKORN-VERLAG · HAMBURG

Titel der amerikanischen Originalausgabe:
LIVING GOD'S LOVE
Ins Deutsche übertragen: Helga Schulenburg
Die Bibeltexte sind, wenn nicht anders vermerkt,
nach der Einheitsübersetzung zitiert.
Titelfoto und Einbandgestaltung: R. Thäder

Saatkorn-Verlag GmbH, Grindelberg 13–17, 2000 Hamburg 13
Verlagsarchiv-Nr. 635 385
© 1975 by Pacific Press Publishing Association, Washington, D. C.
Gesamtherstellung: Grindeldruck GmbH, 2000 Hamburg 13
Printed in Germany · ISBN 3-8150-0552-3

INHALTSVERZEICHNIS

1	LIEBE KANN MAN LERNEN	11
2	WENN WIR IN DER LIEBE VERSAGEN	21
3	EXPERTEN DER LIEBE	27
4	LIEBE – WAS IST DAS?	35
5	LIEBE OHNE WENN UND ABER	41
6	LIEBEN – AUCH DIE SCHWIERIGEN?	49
7	LIEBE IST NICHT NUR EIN WORT	59
8	LIEBEN HEISST VERTRAUEN	59
9	ZUR LIEBE BEFREIT	79
10	VOM WAGNIS DER LIEBE	91

11	LIEBE IST, WENN MAN FEINDE GUT BEHANDELT	103
12	LIEBE HILFT ZURECHT UND HEILT	113
13	LIEBE MACHT SICH NICHTS VOR	133
14	LIEBE LEBT VON GEMEINSCHAFT	149
15	LIEBE – DOCH EIN GEFÜHL?	159

EIN WORT AN DEN LESER

Liebe. In einem Leben gibt es nichts Größeres als dies: zu lieben und geliebt zu sein. Keine Sprache ist fähig, Wichtigeres auszudrücken als Empfindungen der Liebe. Und was haben wir daraus gemacht? Eine Allerweltsvokabel, die für alles Mögliche und Unmögliche herhalten muß. Was eine Mutter für ihr Kind empfindet und ein Mann für seine Frau: Liebe. Ein Mensch kann sein Auto lieben und sein Vaterland; einen Hund oder ein Hobby. Wir „lieben" alles und darum nichts. Wir bringen es fertig, sogar von käuflicher „Liebe" zu sprechen.

Ob es nur daran liegt, daß unsere Sprache für Liebe nur dies eine Wort kennt? Oder halten wir vieles für Liebe und nennen es so, weil wir nicht mehr wissen, was Liebe wirklich ist? „Leben heißt lieben" – ein kühner Gedanke. Entspricht diese Formel der Wirklichkeit?

Damit der Leser weiß, woran er ist: Dies ist kein Liebesroman. Im Gegensatz zu unzählbaren Büchern, in denen „Liebe" billig gehandelt wird – hier hat die Liebe ihren Preis. Denn wie man das Leben einsetzen muß, um das Leben zu gewinnen, so will Liebe ganze Hingabe, um sich zu voller Schönheit entfalten zu können.

Douglas Cooper wollte wissen, woher die Liebe stammt. Er fand ihren Ursprung in Gott, dem allmächtigen Schöpfer Himmels und der Erde. Der Autor stieß bei seiner Suche auf den kürzesten und doch größten Gedanken, der je über Gott gedacht, gesagt und veröffentlicht wurde: Gott ist Liebe. Und doch – wie nichtssagend und hohl klänge dieser Satz, hätte sich Gott nicht in seinem Sohn, Jesus Christus, der Welt liebevoll zugewandt. Seither wissen wir, was Liebe wirklich ist.

Wer als überzeugter Christ nach diesem Buch greift, wird beim Lesen nachdenklich. Denn er lernt begreifen, daß ein Glaubensbekenntnis zuwenig ist, um sich als Christ ausweisen zu können. Das echte, untrügliche Kennzeichen eines Christen: Liebe. Gott liebt uns, damit unser Leben eine Antwort sei auf sein Angebot.

Wer über Christentum, Christsein und Liebe schreibt, verfaßt eine Selbstanklage. Denn wir Christen sind der Welt Liebe vielfach schuldig geblieben – bis auf den heutigen Tag. Douglas Cooper scheut sich nicht, diese Schuld beim Namen zu nennen. Und er zeigt in vielen praktischen Schritten, wie wir im Alltag zu einem Leben der Liebe zurückfinden können.

Aber auch jener Leser bekommt Probleme, der dem Christentum gegenüber auf Distanz gegangen ist. Vielleicht fällt es ihm auf Grund eigener Erfahrungen schwer, Liebe und Christentum zusammenzubringen. Durch sein selbstkritisches, offenes Wort will der Autor Mut machen, einen neuen Versuch zu wagen. Er nennt viele gute

Gründe dafür, Jesus Christus im Leben eine neue Chance zu geben.

Vielleicht wird am Ende der Leser mit dem Verfasser übereinstimmen und sich fragen: Wenn Christentum so aussieht und gelebt wird, dann ist es mehr als eine schöne Idee. Dann ist es der einzig mögliche Weg, in unserer Welt sinnvoll zu leben. Denn dieser Welt ist heute nur noch zu helfen, indem man sie liebt. Wenn wir in der Liebe versagen, dann haben wir nicht mehr das Recht, uns Menschen, uns Christen zu nennen. Denn: „Leben heißt lieben." Wagen wir es!

1
LIEBE KANN MAN LERNEN

*„Wie ich euch geliebt habe,
sollt auch ihr einander lieben."*

Von weitem macht das kalifornische Staatsgefängnis für Rauschgiftsüchtige den Eindruck eines fantastischen Kurhotels. Abgelegen in einer reizvollen hügeligen Landschaft, in der Nähe der kleinen Stadt Corona, war es einmal ein Ort, an dem die Stars aus Hollywood aus und ein gingen. Dann kam die Weltwirtschaftskrise. Die Geschäfte ließen nach; der verschuldete Eigentümer verkaufte das Anwesen an den Staat.

Ein kleiner blaugrüner See in der Mitte des Anwesens, umringt von schattenspendenden, alten Laubbäumen, gibt dem Ganzen noch immer eine beruhigende Atmosphäre. Uniformierte Wärter, der engmaschige Stacheldrahtzaun und die mächtigen Eisentore lassen jedoch schnell erkennen, daß die derzeitigen Bewohner dort nicht auf eigenen Wunsch abgestiegen sind.

Bevor unsere Gruppe eine Besichtigungstour durch diese Anstalt begann, drückte uns einer der Wärter einen unsichtbaren Stempel auf die Innenseite des Handgelenkes. Er erklärte uns, daß diese markierte Stelle beim Verlassen der Anstalt unter ultraviolettem Licht geprüft würde, damit niemand unbefugt in die Freiheit zurückginge. Spätestens in diesem Augenblick wußten wir, daß wir ein Gefängnis betraten.

Die Stunden glitten schnell dahin. Beim Rundgang durch die verschiedenen Bereiche erklärte man uns die Konzeption und die Möglichkeiten der Rehabilitation. Nachdem wir alles gesehen hatten, gab man uns Gelegenheit, an einem informativen Gespräch mit einer Gruppe von Insassen teilzunehmen.

Dort begegnete ich Jim. In seiner stattlichen Erscheinung hob er sich unverkennbar von den übrigen Teilnehmern ab. Ein Mann, etwa vierzig Jahre alt, graumelierte Schläfen – man fragte sich, wie er hierher gekommen sein mochte.

Als die Diskussion in Gang kam, blieb er merkwürdig still. Viele andere Gefangene sprachen freimütig über sich selbst und über ihre Probleme. Jim sagte kein Wort. Aber dann wurde ihm im Gesprächsverlauf klar, daß einige in unserer Besuchergruppe Pastoren waren.

Als Jim sich unaufdringlich räusperte, spürten die anderen, daß er etwas sagen wollte. Alle schauten auf ihn, als er ruhig begann: „Vielleicht kann es Ihnen helfen, wenn ich Sie an meiner Erfahrung teilnehmen lasse. Ich bin Arzt. Ich hatte eine sehr gute Praxis, eine wunderbare, treue Frau und zwei Söhne. Ich war angesehen und besaß das Vertrauen vieler Leute in meiner Umgebung. Immer mehr Patienten kamen in meine Praxis. Mein Terminkalender wurde immer umfangreicher. Die Visiten im Krankenhaus beanspruchten mich immer länger. Bald hatte ich keinen halben Tag mehr in der Woche, den ich für mich hätte freihalten können. Ich bekam zuwenig Schlaf. Häufige Anrufe rissen mich in der Nacht heraus zu Notfällen oder Entbindungen. In dieser Streßsituation begann ich Drogen zu nehmen. Sie gaben mir wenigstens ein bißchen Auftrieb. Anfangs nahm ich auch nicht viel, nur so viel, um die erheblichen Anforderungen eines Tages leichter zu bewältigen. Ich machte mir damals kaum Gedanken darüber. Ich war mir ja so sicher, daß ich die Droge jederzeit im Griff hatte.

Aber es kam anders. Ohne mir dessen richtig bewußt zu sein, hatte die Droge mich im Griff. Ich konnte nicht damit aufhören und gleichzeitig mein Arbeitspensum einhalten. Mir war klar: Der Ausstieg wäre gleichbedeutend mit meinem völligen Zusammenbruch. Das aber durfte auf keinen Fall geschehen. Es wäre das Ende von allem, was mir etwas bedeutete. Ob Sie mir glauben oder nicht: Ich wußte nicht, was ich tun sollte oder an wen ich mich wenden könnte. Eine Situation, in der ich Hilfe verzweifelt nötig hatte. Dabei quälte mich die Angst, daß ich meine Zulassung verlieren würde, wenn alles herauskäme."

Jim machte eine Pause. Er saß ruhig und betrachtete seine Hände. In unserem Raum war es für ein paar Sekunden völlig still. Dann fuhr er fort.

„Nun, ich gehörte einer Kirche an. Auch als Arzt nahm ich regelmäßig an Gottesdiensten teil, wenn mein Dienst mir das erlaubte. So kam ich zu dem Ergebnis, daß es nur einen Menschen gab, dem ich mein Problem anvertrauen konnte, und das war mein Pastor. Zu ihm würde ich gehen. Ich ging in der Hoffnung, daß er mich verstehen würde. Wahrscheinlich wünschte ich mir einen Gesprächspartner, der mir helfen konnte, eine Beziehung zu Gott zu finden. Irgendwo ahnte ich, daß dies der einzige Ausweg für mich wäre.

So vereinbarte ich einen Termin mit meinem Pastor. Es war in einer Zeit, in der ich völlig am Ende war. Ohne alle Umschweife sagte ich ihm, daß ich Drogen nähme. Ich hatte auch keine Illusionen mehr über meinen tatsächlichen Zustand. So eröffnete ich ihm, daß ich drogensüchtig sei und daß ich selbst keinen Ausweg aus meiner chaotischen Lage finden könne.

„Vielleicht war ich zu direkt", sagte Jim. „Nie werde ich die Reaktion dieses Mannes vergessen. Sein Gesicht verriet äußerstes Erstaunen, ja, Entsetzen. Er platzte heraus: ‚Nein, Jim! Das darf nicht wahr sein! Doch nicht du!' Und dann begann er mir vorzuhalten, welche Konsequenzen das für meine Familie und natürlich auch für meine Kirche haben würde. Er sprach auch über die schweren Folgen für meine Praxis und für meinen ärztlichen Ruf. Und er erinnerte mich schließlich daran, daß mich dieser Weg in die Selbstvernichtung führe und daß wir es mit dem zu tun hätten, was die Bibel Sünde nennt."

Wieder hörte Jim auf zu sprechen. Und als er dann wieder fortfuhr, sprach er noch leiser und eindringlicher als zuvor.

„In meinem ganzen Leben hatte ich mich nie so enttäuscht, so im Stich gelassen, so allein gelassen gefühlt wie in diesem Augenblick. Ich war zu diesem Mann gekommen in meiner verzweifelten Suche nach einem Menschen, bei dem ich alles abladen könnte, und der mich anhören würde; nach einem Menschen, der mir hilft.

Daß ich verkehrt und verantwortungslos gehandelt hatte, das wußte ich längst vor diesem Gespräch. Ich wußte auch, daß es unsinnig und unrecht war, mich auf diese Sache eingelassen zu haben. Und es war für mich überhaupt keine Frage, daß ich diesen Abschnitt meines Lebens so schnell wie möglich hinter mich bringen wollte. Darin lag ja vor allem der Grund, warum ich zu ihm gegangen war. Ich brauchte also keinen, der mir etwas bewußt machen mußte, was mir nicht ohne ihn längst klar gewesen wäre.

Wahrscheinlich lag es auch daran, daß ich an diesem Tag und über das, was geschah, entmutigt und enttäuscht war. Denn dieses Gespräch trug dazu bei, den letzten Funken meiner Hoffnung auszulöschen, mich noch tiefer in den Strudel zu stürzen, dem ich doch mit den letzten meiner verfügbaren Kräfte hatte entkommen wollen. Bitte, verstehen Sie mich nicht falsch. Ich gebe keinem anderen als mir selbst die Schuld für das, was geschah. Ich bin es, der sein eigenes Leben verpfuscht hat. Erst hier habe ich wieder angefangen, über mein Leben gründlich nachzudenken. Ich habe eine Menge über mich selbst gelernt, seit ich hier bin. Wie oft habe ich mir gewünscht, alles rückgängig machen zu können! Was mir vor allem zu schaffen macht, ist die Erkenntnis, daß es selbst in jenem fortgeschrittenem Stadium noch möglich gewesen wäre, mich von diesem verhängnisvollen Kurs zurückzureißen."

Als uns der Gefangene dann direkt anschaute, da erkannten wir in seinen Zügen den Schmerz und die Qual der Enttäuschung, die ihn damals überfallen haben mußte, als er bei seinem Pastor vergeblich die Hilfe suchte, die er brauchte. Er fuhr fort: „Lassen Sie sich heute dies eine sagen: Wenn jemals ein Süchtiger oder irgendeiner, der wirklich Hilfe für irgend etwas braucht, vor Ihrer Tür steht, dann erzählen Sie ihm nicht, was er ohnehin schon weiß. Und vor allem: Verurteilen Sie ihn nicht. Hören Sie ihm zu und lieben Sie ihn so, wie er ist. Es wäre denkbar, daß Sie ihm dann wirklich helfen können."

Mangel an Liebe, obwohl wir uns dessen oft unbewußt schuldig machen, ist immer tragisch. Warum? Weil im Zentrum des Christentums ein Gott der Liebe steht, der seine Liebe an Menschen durch andere weitergeben läßt. Wenn wir den Empfindungen anderer Menschen gefühllos, gleichgültig und voreingenommen gegenüberstehen, dann durchkreuzen wir Gottes Absicht.

Gott offenbart sich uns Menschen als Vater. Was er uns sagen will, nennt die Bibel Evangelium, das heißt frohe Botschaft, gute Nachricht. Der ganzen Welt und allen Menschen hat Gott diese gute Nachricht seiner Liebe zugedacht. Richtig verstehen kann ein Mensch das Evangelium nur dann, wenn er von anderen Menschen Zuwendung erfährt und von ihnen angenommen wird, wo er ist und wie er ist.

Einem Menschen Liebe vorzuenthalten, hat schwerwiegende Folgen, nicht nur für sein Leben in dieser Welt; aufs Spiel gesetzt wird vor allem sein künftiges Leben in Gottes ewigem Reich. Liebesentzug zerreißt die mögliche Verbindung eines Menschen mit Gott, vielleicht genau in dem Augenblick, in dem der Mensch Gott am nötigsten braucht. Eben das geschah mit Jim.

Es ist einfach eine Tatsache, daß der Mensch die Liebe Gottes nur in der Zuwendung verstehen und erfahren kann, die ihm von anderen Menschen geschenkt wird. So wie man die Sonnenstrahlen in einem Spiegel auf einen bestimmten Punkt lenken kann, übermittelt Gott seine Liebe durch Menschen an Menschen. Nur so wird Gottes Liebe für uns greifbar, und wir sind in der Lage, sie zu erwidern.

Es stimmt: Gott hat sich damit vom Menschen abhängig und eigentlich sehr verwundbar gemacht. Denn er verläßt sich darauf, daß wir in unserem Leben demonstrieren, wer Gott ist, und wie man seine Liebe verstehen kann. Der Vater im Himmel macht sich abhängig von menschlichen Ausdrucksformen der Liebe. Er will die Welt erwärmen durch die Liebe seiner Kinder.

Wir begreifen, wie schwerwiegend es sein kann, wenn wir in der Liebe versagen. In unserer Welt und wahrscheinlich in unserer unmittelbaren Nähe gibt es unzählige Menschen, die weder an die Liebe Gottes noch an seine Existenz glauben können, weil er ihnen nie in der Liebe von Menschen begegnet ist, die sich Christen nennen.

In einem seiner zahlreichen Bücher weist George Vandeman darauf hin, daß diese Zusammenhänge auch für Ehe und Familie gelten. Durch ihr Liebesverhältnis zueinander sollen Mann und Frau sich gegenseitig und ihren Kindern die Liebe Gottes verständlich machen. Darum sind Ehescheidungen so tragisch. Den Kindern aus gescheiterten Ehen fällt es ungeheuer schwer, an so einem zerbrochenen Liebesverhältnis die Liebe Gottes zu begreifen.

Ich erinnere mich an einen Vierzehnjährigen, dem ich

einmal helfen wollte. Er galt uns als Problemschüler – mürrisch, wenig mitteilsam, ohne erkennbare Mitarbeit. Niemand schien fähig zu sein, Kontakt mit ihm zu bekommen. Nach dem Tod seiner Mutter hatte ihn auch sein Vater verlassen. Die ersten Lebensjahre verbrachte er in einem Waisenhaus. Später wurde er von einem Kinderheim in das andere verlegt. Auch einige Familien hatten den Versuch gemacht, ihn bei sich aufzunehmen. Aber keine dieser Familien fand den Mut, den Versuch mit diesem bedauernswerten Jungen über einen längeren Zeitraum fortzusetzen.

Eines Tages traf ich diesen Jungen in einem kleinen Vorraum unserer Bibliothek, wo wir uns zu einem Gespräch verabredet hatten. Noch heute schäme ich mich für mich und für alle Christen, als ich ihm damals nur sagen konnte: „Es gibt einen Vater im Himmel, der dich liebt." Noch heute wundere ich mich darüber, daß er mich nicht ausgelacht hat. Verdient hatte ich es.

Es ist nicht nur schwierig, es ist glatter Hohn, mit einem, der nie von einem Vater oder von einer Mutter wirklich geliebt worden ist, über einen liebenden Vater im Himmel zu sprechen. Unzählige gefühlsmäßige Barrieren haben sich aufgetürmt, die dagegen sprechen. Wie soll einer glauben können, daß Gott, den er nicht sieht, ihn liebt, wenn doch die Menschen, die er sehen kann, ihm nie ein Zeichen ihrer Liebe gegeben haben? Auch nicht, als er um Liebe förmlich gebettelt hat? Wer jemals eine gefühlsmäßige oder geistige Behinderung erfahren hat, muß erst einmal die tiefe Herzlichkeit menschlicher Zuwendung erleben, bevor er auf die Liebe Gottes reagieren kann oder will.

Unsere Welt ist heute voll von Gefährdeten und Ungeliebten. In manchen Ländern endet jede dritte Ehe vor dem Scheidungsrichter. Und viele der Ehen, die nicht geschieden werden, verlaufen unglücklich. Das Ergebnis: Unzählige Menschen erkennen in ihrem entleerten und unbefriedigenden Leben keinen Sinn, weil ihnen die Liebe vorenthalten wurde, die Gott ihnen zugedacht hatte. So wird es für den Menschen immer schwerer, Gott zu erfahren und sich seiner Liebe zu öffnen.

Schuld- und Angstgefühle nehmen zu. Die Krebsgeschwüre Haß, Auflehnung, Terror, Unzufriedenheit, Enttäuschung und Gewalt vermehren sich täglich. Die meisten Folgen sind auf den ersten Blick nicht zu erkennen. Die Auswirkungen gehen viel tiefer als das, was offen zutage liegt: Kriminalität, Gesetzesübertretungen, schwindendes moralisches Bewußtsein und allgemeine Rücksichtslosigkeit. Wer jedoch als Christ versucht, unserer Welt ehrlich gegenüberzustehen, findet keinen Anlaß, sich moralisch über die Sünde zu entrüsten.

Wer der Welt helfen will, muß nach der Wurzel des Übels fragen. Warum sind heute so viele Menschen unglücklich? Die Bibel nennt die Gründe, die zu der großen Tragödie auf unserem Planeten geführt haben. Sie sagt in aller Offenheit, warum in unserer Zeit das Böse so überhandnimmt: „Und weil die Mißachtung von Gottes Gesetz überhandnimmt, wird die Liebe bei vielen erkalten." (Matthäus 24,12.)

Erste Christenpflicht besteht nicht darin, über das Böse in dieser Welt zu jammern. Das führt zu überhaupt nichts. Christen müssen sich vielmehr darum kümmern, daß das Evangelium, die gute Nachricht von Gottes

Liebe, an eine Generation weitergegeben wird, die nicht mehr weiß, was Liebe ist, weil die explosive Kraft des Bösen echte Liebe beinahe völlig aus dem Leben der Menschen verbannt hat.

Dringender als alles andere brauchen wir die Liebe, die uns Jesus Christus vorgelebt hat. Eine Liebe, die sich dieser Welt zuwendet und die auch vor der offensichtlichen Bosheit unserer Zeit nicht resigniert. Unserer Welt ist heute nur noch zu helfen, indem man sie liebt. Wenn Christen in der Liebe versagen, haben sie nicht mehr das Recht, sich Christen zu nennen. Darum wurde dieses Buch geschrieben.

LIEBE

entrüstet sich nicht über die Schuld der anderen.
Sie verurteilt nicht.
Sie redet auch nicht auf einen Menschen ein,
um ihm Dinge zu erzählen, die er selber weiß.

2
WENN WIR IN DER LIEBE VERSAGEN

„Ein jeder sah auf seinen Weg."

Das erste Kind wurde erwartet. Das Kinderzimmer war seit langem vorbereitet; Bilder von tanzenden Ponies und niedlichen Hunden schmückten die Wände. Das Bettchen stand in der Mitte des Raumes – auf der kleinen Decke zwei Paar handgestrickte Babyschuhe. Ein Paar war rosa, das andere hellblau. Das junge Ehepaar war voll aufgeregter Erwartung auf das neue Leben.

Nach der ersten Untersuchung las die Frau auf den Gesichtern von Ärzten und Schwestern, daß etwas nicht in Ordnung war. Der Arzt nahm ihre Hand und hielt sie für einen Augenblick ruhig und mitfühlend fest. Er sagte ihr, daß schwerwiegende Komplikationen zu erwarten seien, die eine sofortige Operation nötig machten. So freundlich wie möglich erklärte er ihr, daß diese Operation nur ihr eigenes Leben retten würde. Für das Kind sei es bereits zu spät.

Der Arzt, ein Christ, erzählte später von der vernichtenden Wirkung dieser Nachricht auf die junge Frau. In ihrem Schmerz und in der ganzen Verzweiflung, die sie

...tte, ließ sie ihren Ehemann rufen und erbat auch ...such ihres Seelsorgers. In ihrer Kirche bestehen ...mte rituelle Vorschriften, die in solchen Fällen einzuhalten sind. Da sie sich ihrer Kirche verpflichtet fühlte, wollte sie darauf nicht verzichten. Der Arzt rief den Geistlichen an, erklärte ihm, was geschehen war und bat ihn, schnell zu kommen. Der Mann am anderen Ende der Leitung bedauerte. Ein wichtiger, unaufschiebbarer Termin. Er sei eben im Begriff, das Haus zu verlassen, würde aber sofort am nächsten Tag ins Krankenhaus kommen. Er fügte hinzu, daß unter besonderen Umständen der Arzt selbst oder eine Krankenschwester die erforderlichen Riten für das Kind gültig vollziehen könnten. Er bedauerte und legte den Hörer wieder auf.

Für viele Christen wäre es schon sündhaft, etwas nicht zu glauben, was zu glauben man von ihnen erwartet; oder eine Sache zu vernachlässigen, die von ihrer Kirche als wichtig angesehen wird. Allerdings schränken die meisten den Begriff „Sünde" auf die Übertretung eines der Zehn Gebote ein. Diese Oberflächlichkeit hat dazu geführt, daß uns das echte Verständnis für Schuld und Sünde weithin verlorengegangen ist.

Einer der alttestamentlichen Propheten, Jesaja, stellt fest: „Wir hatten uns alle verirrt wie Schafe." (Jesaja 53,6.) Das allgemeine und durchaus korrekte Verständnis dieses Wortes besteht darin, daß jeder Mensch ein Sünder ist. Aber dieser Prophet hat mehr zu sagen. Er fügt etwas hinzu, was uns das Wesen der Sünde in aller Deutlichkeit verstehen läßt: „Jeder ging für sich seinen Weg."

Jetzt sehen wir den Abgrund unserer Schuld in seiner

ganzen Tiefe. Unsere Schuld besteht darin, das eigene Ich an die erste Stelle zu setzen. Dann kommt lange nichts. Erst sehr viel später fangen wir an, auch andere Menschen wahrzunehmen und irgendwo vielleicht auch Gott. Wir gehen unseren eigenen Weg! Ob dieser Weg an sich „richtig" oder „angemessen" oder „sittlich gut" ist, das alles interessiert uns herzlich wenig. Und daß Gott für uns einen Weg vorgesehen haben könnte, das zu begreifen fällt uns schwer.

Jesus Christus läßt keinen Zweifel daran: Gottes Weg für uns besteht darin, den Vater im Himmel und die Menschen zu lieben von ganzem Herzen und mit allen Kräften. Hier liegt das Herzstück des Christentums.

Mangel an Liebe verkehrt das Christentum in sein Gegenteil. Darum ist Mangel an Liebe die Wurzel der Sünde. Einfach ausgedrückt: Verweigerte Liebe ist deshalb Sünde, weil ich in erster Linie an meinen eigenen Bedürfnissen interessiert bin, während ich an den Bedürfnissen anderer Menschen gedankenlos, achtlos und darum lieblos vorbeigehe. Genau das ist dem Geistlichen vorzuwerfen, dem sein Termin – wie dringend und notwendig er sein mochte – wichtiger war als der Besuch im Krankenhaus. Ging es doch darum, einer jungen Frau, die ihr ganzes Vertrauen in ihn gesetzt hatte, in der Stunde ihrer größten Not beizustehen.

Die Welt und ihre Kirchen sind voll von Menschen, die so vor Gott und ihrem Nächsten versagen. Die meisten würden es sich verbitten, würfe man ihnen einen egoistischen Lebensstil, genau gesagt, ein gottloses Leben, vor. Die Mehrheit derer, die sich Christen nennen, ist heute von ihren eigenen Bedürfnissen so sehr in Anspruch genommen und so völlig in den eingeengten Kokon der Selbstsucht eingesponnen, daß sie die Bedürfnisse anderer Menschen kaum noch wahrnimmt. Einer Regierung, die so die Bedürfnisse ihrer Bürger ignorierte, würde man die schlimmsten Vorwürfe machen. Und das mit Recht.

Eine Kirche oder eine Gemeinde, deren Glieder es sich zur Gewohnheit machten, an den Nöten ihrer Umgebung vorbeizuleben, diente weder Gott noch den Menschen – ganz gleich, wie korrekt ihre Glaubenslehren sein mögen. Vielen gutgemeinten Bemühungen, unserer Welt das Evangelium nahezubringen, fehlt oft der entscheidende Funke. Man kann nicht in anderen das Feuer der Liebe entfachen wollen, wenn es in einem selbst fast völlig erloschen ist.

Zur Zeit des Urchristentums lebte in Kleinasien eine christliche Gemeinde in der Stadt Ephesus. Zu Anfang bezeugte sie die Liebe Gottes durch entsprechendes Handeln an Menschen. Aber dann kam eine Zeit, in der andere Dinge wichtiger wurden. Egoismus kehrte ein, die Schwerpunkte verlagerten sich. Und die Christen von Ephesus begannen, ihren Auftrag zu verraten, weil sie aufhörten, der Welt die Liebe Gottes in praktischer Hilfeleistung weiterzugeben. So verloren sie, was ihnen ursprünglich alles bedeutet hatte. Ihre Flamme war erloschen.

Diese Tragödie hat sich in der Kirchengeschichte oft wiederholt. Die christliche Gemeinde der letzten Zeit wird davor gewarnt, in den gleichen Fehler zu verfallen. Auch diese Gemeinde könnte an den Punkt kommen, wo ihr nichts mehr fehlt als eine echte Erfahrung der Liebe

Gottes. Diese Gemeinde ist eine wohlhabende Gemeinde, erfolgreich, tüchtig, selbstzufrieden, sie hat alles und benötigt nichts – außer Liebe.

Andererseits gibt sie sich sehr weltgewandt. Erfahrene Pastoren, glänzende Theologen, Verwaltungsexperten und Finanzfachleute, dazu ein Heer ehrenamtlicher Helfer – die besten Voraussetzungen also, um eine gediegene Arbeit zu tun bei der Verbreitung des Evangeliums und der Förderung des Glaubens in unserer Welt. Dies alles ist gut und richtig, ohne Zweifel ist einiges davon sogar unerläßlich.

Dennoch muß die Frage erlaubt sein: Wo sind die Experten der Liebe? Wo sind die Leute, die den eigentlichen menschlichen Nöten unserer Zeit begegnen können? Wo sind die Christen, die sich um Menschen kümmern, für sie Verständnis haben, bereit, ihnen zuzuhören? Die Mitgefühl erlebt haben und deshalb selber Einfühlungsvermögen besitzen?

Ein farbiger Jugendlicher in Harlem stand an einer Straßenecke seinem Pastor gegenüber, der ihm ins Gewissen redete und ihm versicherte, daß Gott ihn liebe. Der Junge beklagte sich: „Ich bin krank und müde davon, die Leute über Liebe reden zu hören. Ich möchte Liebe sehen, die Haut und Knochen hat!"

Wo sind die Christen, die ihm helfen wollen? Wo sind die Menschen, die Gottes Liebe in Worten ausdrücken können, wie Jesus es tat? Worte, die richtig und passend sind für Arbeitslose und Prostituierte? Wo sind die Leute, denen man die Liebe Gottes aus dem Gesicht lesen und aus ihrer Stimme heraushören kann? Wo sind die Experten der Liebe? Ihr Auftreten ist überfällig in einer

Welt, in der die menschliche Not immer größere Ausmaße annimmt. Unsere Welt braucht Leute, deren Leben eine Demonstration der Liebe Gottes ist, denn Gott ist Liebe. Und du?

LIEBE

sieht nicht nur auf den eigenen Weg.
Sie schaut nach links, sie schaut nach rechts.
Und sie entdeckt Menschen, die mit mir unterwegs sind.
Liebe will da sein für andere.

3
EXPERTEN DER LIEBE

*„Die Liebe, die Christus uns erwiesen hat,
bestimmt unser ganzes Handeln."*

Der Geistliche eines Krankenhauses, ein Freund von mir, betritt an einem Morgen das Zimmer einer Frau, die erst kurz zuvor eingeliefert wurde. Die Dame, die er vorfindet, ungefähr fünfzig Jahre alt, rundlich und ergraut, scheint nicht nur krank, sondern auch sehr beunruhigt und bestürzt zu sein. Er tritt an ihr Bett und stellt sich mit einigen freundlichen Worten vor.

Noch bevor er damit zu Ende ist, unterbricht ihn die Frau: „Sie sind Geistlicher? Dafür habe ich keinen Bedarf. Ich gehöre schon einer Kirche an, ich liebe meinen Glauben und möchte nicht, daß mir hier andere Ideen vorgetragen werden. Ich wünsche auch künftig keine Besuche, solange ich hier im Krankenhaus bin. Bitte, lassen Sie mich allein!"

Der Seelsorger lächelte ihr zu und verabschiedete sich mit einem leichten Kopfnicken. An der Tür schaute er noch einmal in ihre Richtung und sagte ihr so freundlich wie zuvor: „Ich hatte eigentlich nicht die Absicht, Ihnen eine Predigt zu halten. Ich war nur gekommen, um Ihnen zu sagen, daß es auch hier im Krankenhaus Menschen gibt, die Sie lieben."

Der erstaunten Patientin verschlug es für einen Augenblick die Sprache. Dann entspannte sie sich, lächelte zurück und meinte: „Kommen Sie her und setzen Sie sich. Wenn es um ein Zeichen der Liebe geht – davon kann ich jetzt eine ganze Menge gebrauchen."

Der Aufenthalt dieser Frau im Krankenhaus dauerte länger als erwartet. Mein Freund besuchte sie jeden Tag, weil sie diese Besuche ausdrücklich wünschte. Zwischen den beiden entstand eine echte Freundschaft, eine anhaltende Verbindung. Der Geistliche sagte mir später, daß er irgendwie das Empfinden gehabt hätte, daß diese Patientin im Krankenhaus nicht nur medizinische Hilfe brauchte, bevor sie wieder entlassen werden konnte.

Die Psychologie bestätigt die Einsichten der Bibel, daß die größte und dringlichste Not jedes menschlichen Wesens darin besteht, geliebt und angenommen zu werden. Alles andere im Leben eines Menschen hängt davon ab, wie gut und wie ausreichend dieses Bedürfnis befriedigt wird.

Ich glaube, es war Gott selbst, der den tiefen Wunsch nach Sympathie und Gemeinschaft in das Herz eines jeden Menschen eingepflanzt hat. Mag sich einer noch so stark und selbständig fühlen, ohne Liebe kommt keiner aus.

Als Jesus Christus als Mensch unter Menschen lebte, hatte er in Gethsemane seine stärkste seelische Prüfung zu bestehen. In diesem Augenblick brauchte er das Mitgefühl und die Anteilnahme seiner Freunde. Auch er brauchte einen Mitmenschen, der bei ihm war, der an seiner Not teilnahm und ihn verstand. Wie tragisch, daß er vergeblich Ausschau hielt!

Der energiegeladene Apostel Paulus hat viele Beweise seiner Selbständigkeit und seiner seelischen Tragkraft erbracht. Aber auch er brauchte Anteilnahme und Gemeinschaft, wenn er bei seinem schweren, oftmals einsamen und bahnbrechenden Dienst für Gott durch schwere Stunden hindurch mußte.

Gott hat den Menschen mit dem unstillbaren Wunsch nach Liebe geschaffen. Unser Liebesbedürfnis macht uns bereit, uns für Gott zu öffnen, denn es ist die Suche nach Liebe und Annahme, bei der wir eines Tages auf unserem Weg Gott begegnen. Liebe ist die Ebene, auf der unser Vater im Himmel uns annimmt.

Wer diese Plattform der Liebe noch nicht betreten hat, wird nie verstehen, was Christus meint, wenn er vom Reich Gottes spricht. Jeder, der einmal in diesem Gottesreich sein wird, hat den Weg dorthin durch Gottes Liebe gefunden, denn Gott sagt: „Ich habe dich je und je geliebt; darum habe ich dich zu mir gezogen aus lauter Güte." (Jeremia 31,3, Luther.) Liebe reißt alle Schranken nieder. Liebe läßt uns die Wahrheit über Gott verstehen. Liebe hilft uns in unserer größten Not. Liebe ist das, was jeder Mensch, wie jene Frau im Krankenhaus, ganz sicher in unerschöpflichen Mengen gebrauchen kann.

Gottes Liebe reicht aus, um einer an Liebesarmut zugrundegehenden Welt wirklich zu helfen. Er gibt seine Liebe im Überfluß.

Die Sache hat nur einen Haken.

Liebe ist nicht greifbar. Liebe ist nur ein Wort ohne Wert – es sei denn, sie findet Mittel und Wege, um sich auszudrücken. Eigentlich ist es völlig unbegreiflich, daß Gott sich abhängig gemacht hat von Menschen, die er dazu geschaffen hat, seine Liebe auszudrücken. Den unbezahlbaren Schatz seiner Liebe legt er in zerbrechliche Gefäße. Menschliche Wesen wurden von ihm dazu bestimmt, seine Wohltaten der Welt zu vermitteln. Gott will, daß Menschen in Not von ihresgleichen liebevoll behandelt und zu Gott geführt werden. Gott braucht Menschen. Er braucht sie, um die Welt die Herzlichkeit seiner Liebe spüren zu lassen.

Es ist ein unbeschreibliches Drama, daß Christen – oft mehr als ihnen bewußt ist – in dieser einzigartigen, ihnen von Gott zugedachten Rolle versagt haben. Anstatt Liebe weiterzugeben, benehmen sie sich oftmals äußerst miserabel. Egoismus und Kälte haben das Feuer der Liebe fast ausgelöscht. Viele, die vorgeben, Christen zu sein, haben vergessen, daß dieser Name mehr sein muß als ein Etikett. Ein Christ soll handeln, wie Jesus Christus es ihm vorgelebt hat.

Was das bedeutet? Nicht mehr und nicht weniger, als in dieser Welt die Liebe Gottes so weiterzugeben, wie Jesus es tat. Seine Liebe war es doch, von der die Menschen angezogen wurden. Liebe ist überzeugender als alle Argumente.

Aus diesem Grund war die Liebe Gottes für Jesus Christus das zentrale Thema seines Lebens. Er sprach über Liebe, er lebte Liebe, er war Liebe. Weil er liebte, konnte er sagen: „Wer mich sieht, der sieht den Vater!" Als Botschafter der Liebe seines Vaters war er in diese Welt gekommen, um auf die Not der Menschen mit Liebe zu antworten.

Diese Erkenntnis über Gott, diese Liebeserfahrung mit ihm, ist das Größte, was Gott dem Menschen geben konnte. So ist es nur zu verständlich, daß jeder, der sich Christ nennt, diese Liebe an andere weitergeben soll.

Was von Gott großartig angelegt wurde, ist uns heute fast völlig verlorengegangen. Wir beschäftigen uns viel lieber und eingehender mit Randfragen, die doch oft so belanglos sind.

So kam es dazu, daß wir die größte Schuld, die ein Mensch auf sich laden kann, kaum mehr als solche bezeichnen. Zugegeben, diese Schuld ist auch am schwersten zu erkennen. Wer einen Menschen umgebracht hat, weiß ganz genau, daß er ein Verbrecher ist. Wer seinen Ehepartner betrügt, weiß in aller Regel, daß er die Ehe gebrochen hat. Und kaum ein Dieb, der seine fünf Sinne beisammen hat, wird sich einreden, seine Gaunereien seien in Ordnung. Wenn jedoch einer lieblos handelt und gegen das Gesetz der Liebe verstößt, hört er oft nur noch eine leise, kaum wahrnehmbare Stimme seines Gewissens, die ihn zurechtweisen will. Und wir haben es gelernt, diese Stimme zum Schweigen zu bringen, manchmal für immer.

Unser Ich treibt es fortwährend dazu, daß wir ausschließlich für uns selbst leben. Gefühllosigkeit und Gleichgültigkeit überwuchern in uns die Empfindungen der Liebe – wie ein verborgenes Krebsgeschwür. So verlieren wir langsam, aber sicher, das Interesse an den Nöten anderer Menschen. Und wir sind uns kaum noch dieser Entwicklung bewußt.

Ein Arzt kann sich so sehr an seine routinemäßige Arbeit gewöhnen, daß er darüber gefühllos und abgestumpft wird – und im Lauf der Zeit keine Menschen mehr behandelt, sondern nur noch steife Rücken, Magengeschwüre und gebrochene Beine. Furchtbar, wenn einem Arzt seine ursprüngliche Dienstbereitschaft in einem Heilberuf verlorengeht! Dabei haben doch die meisten Menschen, die einen Arzt aufsuchen, aus Furcht, Angst und Enttäuschung größere Probleme, als man mit Pillen oder mit dem Skalpell heilen könnte.

Auch Geistliche sind nicht immun gegen die Schuld der Lieblosigkeit. Ein Pastor kann es durchaus schaffen, in einem Jahr Tausende von Kilometern zurückzulegen, um ein ordentliches Gemeindeprogramm in Gang zu halten. Er kann Haushaltspläne und Finanzetats aufstellen; Ausschüsse in Bewegung setzen und biblisch korrekte Predigten halten. Damit ist noch lange nicht gesagt, daß er die Menschen, die ihm anvertraut sind, in ihren eigentlichen Nöten versteht. Wer sich heute einem Seelsorger anvertraut, sucht einen Gesprächspartner, der bereit und in der Lage ist, mit ihm über die Fragen seines Lebens zu sprechen, über das, was wirklich zählt. Er braucht einen, der mit ihm und für ihn betet. Der routinemäßige jährliche Pflichtbesuch von zwanzig Minuten – darauf kann jeder getrost verzichten.

Doktor David Duffie erwähnt diese Neigung zur Gleichgültigkeit anderen gegenüber in seinem Buch „Psychologie und der christliche Glaube": „Bisweilen hat der Arzt mehr Interesse an der wissenschaftlichen Diagnose als an der Hilfe für einen Menschen. Mag sein, daß er dadurch ein ‚guter' Wissenschaftler wird. Er bezahlt diesen ‚Erfolg' damit, ein armseliger Arzt zu sein. In einer ähnlichen Versuchung steht der Seelsorger. Mag er die reine Lehre noch so eifrig verteidigen: Wenn er die liebende Anwendung dieser Lehre für den einzelnen Menschen vernachlässigt, kann er zwar als ‚guter' Theologe gelten und bleibt doch ein armseliger Prediger."

Keine Position und keine menschliche Beziehung ist gegen diese Neigung, an anderen achtlos vorüberzugehen, immun. Denn Lieblosigkeit, wir könnten auch sagen Unmenschlichkeit, bleibt unsere größte Sünde.

Unmenschlichkeit – damit verbinden wir im allgemeinen die Vorstellung eines hilflos gefesselten Opfers, das gequält wird. Wir denken an Daumenschrauben und Scheiterhaufen, an Gaskammern und Bombenkriege. Unmenschlichkeit erinnert uns an die barbarischen Handlungen der Mongolen. Sie hatten in ihrer Zeit die scheußliche Gewohnheit, Arme und Beine eines Menschen, den sie erledigen wollten, an vier Pferde zu binden. Die vier Tiere wurden dann im Galopp in alle Himmelsrichtungen getrieben und zerrissen diese Unglücklichen in vier Teile.

Ich kann mir nicht vorstellen, jemals Freude daran zu haben, andere Menschen zu quälen. Ich betrachte mich auch nicht als von Natur aus besonders grausam. Darum habe ich nie an mich gedacht, wenn von Unmenschlichkeit die Rede war. Mein Gewissen war nie beunruhigt, weil ich sicher sein konnte, niemals solcher Grausamkeiten schuldig geworden zu sein.

Und dennoch mußte ich begreifen lernen, daß dieser Vorwurf auf mich bezogen werden kann. Denn wenn Christentum tatsächlich nicht mehr und nicht weniger darin besteht, Gott zu lieben und mit seiner Hilfe andere Menschen in ihren Nöten zu lieben, dann mußte ich alle

Illusionen über mich selbst verabschieden. Dann ist Unmenschlichkeit meine eigene Schuld.

Christsein heißt, nicht nur von der Liebe zu reden, sondern Liebe zu praktizieren. Aus diesem Blickwinkel erst erkannte ich meinen Mangel an Liebe. Wie sehr hatte ich es versäumt, für andere zu sorgen, statt nur für mich selbst. Ich kam zu der Einsicht, daß auch ich fast ausschließlich „meinen eigenen Weg" gegangen war. Als ich die Bibel verstand, begegnete ich mir selbst im tiefsten Abgrund selbstsüchtiger Unmenschlichkeit. Obwohl ich doch mein Leben lang versucht hatte, Gottes Gebote zu halten und ein „gutes" und „moralisches" Leben zu führen.

Ich kam zu der Erkenntnis, daß ich gar nicht so viel verkehrt gemacht hatte. Das tragische Unrecht meines Lebens bestand vielmehr darin, was ich für andere zu tun unterlassen hatte.

Als ich mich endlich erkannte, wie ich bin, konnte ich mir nur eingestehen: „Vater, vergib mir meine Unmenschlichkeit gegen meine Mitmenschen."

LIEBE

braucht auch Worte, um sich auszudrücken.
Weh der Liebe, die sich in Worten erschöpft.
Liebe braucht die Tat, um sich verständlich zu machen.
Denn sie will dem anderen helfen.

4
LIEBE – WAS IST DAS?

*„Du sollst lieben von ganzem Herzen,
mit allen deinen Kräften und allen deinen Gedanken."*

Liebe – kaum etwas ist mit mehr Vorurteilen und Mißverständnissen befrachtet als dieser Begriff. Gott tut uns deshalb einen großen Gefallen, wenn er zeigt, daß Liebe nicht das ist, was man sich landläufig darunter vorstellt.

Für die einen ist Liebe die beste Umschreibung ihrer herzlichen Gefühle, die sie für einen anderen Menschen empfinden. Denn im allgemeinen geht man davon aus, daß zur Liebe herzliche, ja zärtliche Empfindungen gehören.

Zur Umschreibung unserer zwischenmenschlichen Beziehungen mag das richtig sein; die Liebe jedoch, für die Jesus Christus uns gewinnen will, ist mehr als das. Sie ist vor allem keine Sache unserer schwankenden Gefühle. Liebe im Sinne der Bibel ist eine Einstellung, für die man sich bewußt entscheidet. Entschlossenheit ist gefragt und ein Wille, der sich seine Impulse von Gott geben läßt.

So gesehen, besteht Liebe einfach darin, den uns von Gott geschenkten freien Willen einzusetzen. Aus freien Stücken sind wir bereit zu tun, was uns für einen anderen

Menschen als das Beste erscheint. Ohne Rücksicht auf Gefühle. Richtiges Verhalten Gott und den Menschen gegenüber ist keine Gefühlssache. Liebe ist ein Prinzip.

Gottes wichtigstes Gebot heißt nicht: „Du sollst Liebe fühlen", sondern „du sollst lieben". Solange unser Verstand funktioniert, so lange sind wir fähig, diesem Gebot nachzukommen. Wir können Gott und Menschen lieben, indem wir uns dafür entscheiden.

Viele Christen zermartern sich den Kopf über ihre Empfindungen und Gefühle, die sie für Gott haben oder nicht haben. Und es gibt unzählige Christen, die enttäuscht und entmutigt sind, weil sie anscheinend nie besondere Gefühlsaufwallungen erlebt haben, die ein guter Christ ihrer Meinung nach haben sollte. So fühlen sie sich andauernd schuldig. Ihre Zuneigung und die Herzlichkeit gegenüber Gott kommt ihnen zu unbedeutend vor.

Wer die Bibel kennt, weiß, daß Gott von ihm erwartet, ihn mehr als alles andere zu lieben. Diese Erkenntnis stürzt mich in ein furchtbares Dilemma. Warum? Weil ich es einfach nicht fertigbringe, für Gott die gleich intensiven Gefühle zu entwickeln, die sich für einige wenige Menschen wie von selbst einstellen. Es gibt Leute, die wegen dieses scheinbaren Widerspruchs so entmutigt wurden, daß sie das Christentum völlig über Bord warfen. Denn sie sagten sich: So, wie das Gott von mir erwartet, werde ich ihn wohl nie lieben können.

Wenn ich ehrlich bin, muß ich zugeben, daß ich meiner Frau gegenüber eine tiefere gefühlsmäßige Zuneigung empfinde als für Gott. So jedenfalls kommt es mir oft vor. Darum bin ich dankbar, daß mich die Bibel behutsam dahin führt, mich aus freien Stücken dafür zu entscheiden,

Gott in meinem Leben den ersten Platz einzuräumen. Das ist nicht ein Entschluß, den ich ein für alle Mal fasse. Gott ist größer als ich selbst. Größer als meine Frau und meine Kinder. Was ich selbst bin, und was mir die Zuneigung anderer Menschen schenkt, verdanke ich Gott. Darum ist es die erste Aufgabe meines Lebens, ihn mehr zu lieben als alles andere. Natürlich ist dieser Weg nicht frei von Konflikten. Einer dieser Konflikte kann im Ernstfall darin bestehen, meiner Frau ihren Willen zu erfüllen oder Gottes Willen zu tun. Die richtige Entscheidung ist nicht nur deshalb schwer, weil ich meine Frau sehe und Gott nicht. Vielmehr komme ich meiner Frau viel lieber entgegen, weil meine emotionalen Empfindungen für sie tiefer sind und sie meinen eigenen Neigungen entgegenkommen. Darum ist es eine Frage meines Willens, ob ich Gott mit frommen Worten abspeise oder ob er in meinem Leben den ersten Platz einnehmen darf – ohne Rücksicht auf meine Gefühle.

Das gleiche Prinzip gilt auch für unsere zwischenmenschlichen Beziehungen; es ist sogar anwendbar bei Menschen, die uns gar nicht liegen. Wir sind in der Lage, sie zu lieben, indem wir uns verstandesmäßig dafür entscheiden und ihnen einfach unsere Liebe zeigen. Durch ein freundliches Wort, durch eine hilfreiche Geste, durch ein Stück Entgegenkommen – auch wenn uns gefühlsmäßig nicht danach zumute sein mag.

Dies scheint mir der einzig gangbare Weg zu sein, Menschen zu lieben, die mir eigentlich nicht sehr liebenswert erscheinen. Ich kann sogar auf Menschen zugehen, die durch ihre Eigenart manchmal negative Gefühle in mir auslösen.

In seiner Art, mit Menschen umzugehen, bringt Jesus Christus zum Ausdruck: Ihr könnt mit mir machen, was ihr wollt, so werdet ihr mich doch auf keinen Fall dazu veranlassen können, euch meine Liebe aufzukündigen. Ich habe mich für die Liebe entschieden. Danach werde ich handeln, und dabei werde ich bleiben. Dann kam die entscheidende Krise. Für Jesus gab es nur einen unerträglichen Gedanken, nämlich den, aus der Verbindung mit seinem Vater herausgelöst zu werden. Und das für Leute, die das Opfer seines Todes weder wollten noch verdienten. So erörterte er im Gespräch mit seinem Vater tatsächlich die Frage, ob es nicht einen anderen Weg gäbe als den Opfergang zum Kreuz.

Aber dann war auch dieser seelische Kampf entschieden. Jesus ging nicht ans Kreuz, weil er sich das so sehr gewünscht hatte. Er ging diesen Weg, weil er seinen Vater so sehr liebte, daß er sich bewußt für das entschied, was der Vater von ihm erwartete – ohne Rücksicht auf seine Gefühle.

Die größte Liebestat der Geschichte und des ganzen Universums wurde nicht aus Gefühlen geboren. Woraus dann? Dieses unbegreifliche Wunder geschah, weil sich der Eine mit seinem Willen und mit seinem Verstand dafür entschied, Gott und seinen Weg an die erste Stelle zu setzen und nicht seine eigenen Neigungen und Gefühle.

Eine Tat, die wirklich beispiellos ist. Damit demonstrierte Jesus Christus für alle Zeiten und für alle Menschen, was Liebe wirklich ist.

Diese Haltung fordert uns zur Nachahmung heraus. Mehr noch: Es befähigt uns, auch solche Menschen zu lieben, die uns gefühlsmäßig nicht liegen; sogar solche, die uns ihre Abneigung deutlich spüren lassen, ja, die uns in dem, was sie sagen, Haß entgegenbringen.

Menschlich zu begreifen ist diese Liebe nicht. Die sieben Weltwunder verblassen zu Nichtigkeiten gegenüber diesem Wunder, das Gott im Leben von Menschen bewirkt. Kein Mensch ist von sich aus dazu in der Lage. Aber das Gebot, das Jesus seinen Nachfolgern mit auf den Weg gibt, ist unmißverständlich: „Liebet eure Feinde." Wenn Gott uns diese Liebe gebietet, dann schafft er auch die Voraussetzungen dafür, daß wir zu dieser Liebe fähig sind, obwohl, ja gerade weil sie nicht unseren Gefühlen entspringt. Gott befähigt uns, lieben zu können wie er.

B. T. Washington, ein farbiger amerikanischer Erzieher, sagte einmal: „Ich erlaube keinem Menschen, mich zu veranlassen, ihn zu hassen." Wer Jesus auch in seiner Liebesfähigkeit nachfolgen will, statt Haß und Feindseligkeit unter Menschen zu verbreiten, der ist nur auf einem Weg dazu in der Lage: sich bewußt dafür zu entscheiden. Gott beantwortet diese Entscheidung auf seine Weise. Er gibt uns eine übernatürliche Kraft, bei dieser Liebe zu bleiben in Wort und Tat.

Noch einmal: Echte Liebe ist eine Sache des Verstandes, der über unseren Gefühlen steht. Wer gesinnt ist wie Jesus Christus, kann sich für eine Liebe ohne Bedingungen entscheiden, weil sie von Gefühlen weder beherrscht noch begrenzt wird.

Ist das nicht eine großartige Sache? Liebe in ihrer tiefsten Dimension. Gott schenkt uns diese Liebe, damit wir sie weitergeben können an eine zugrunde gehende Welt.

LIEBE

ist mehr als ein Gefühl.
Gefühle ändern sich schnell.
Für die Liebe entscheide ich mich.
Wenn es sein muß, gegen das eigene Gefühl.

5
LIEBE
OHNE WENN UND ABER

*„Gott hat uns geliebt,
als wir noch mit ihm im Streit lagen."*

Wieder einmal war ich Teilnehmer an einer interessanten Tagung. Aus den verschiedensten Einrichtungen Südkaliforniens kamen Geistliche zusammen. Einige arbeiteten in Krankenhäusern für geistig und seelisch Behinderte, andere in Frauengefängnissen. Einige andere, darunter auch ich, kamen aus allgemeinen Krankenhäusern. Natürlich wußte ich, daß alle Teilnehmer Geistliche oder Theologiestudenten waren. So erwartete ich eine recht konservative Gruppe. Schon bei der ersten Begegnung konnte ich feststellen, daß meine Annahme richtig war. Alle waren tadellos gekleidet. Die dunklen Anzüge überwogen. Die Schlipse saßen korrekt, die Schuhe glänzten. Die Gruppe sah genauso aus, wie ich es von Pastoren und Theologiestudenten erwartet hatte.

Mit einer Ausnahme – Paul.

Er erinnerte mich an Halbstarke, die gerade von einem Rock-Festival kamen. Sein Haar hing über die Schultern. Anstatt eines Anzuges trug er eine zerknitterte Cordhose und ein altes, rotweißgestreiftes T-Shirt.

Im ersten Augenblick hielt ich ihn für einen Anstaltsinsassen, den einer der Teilnehmer wohl für ein Interview oder eine andere Demonstration mitgebracht hatte. Es verschlug mir beinahe die Sprache, als er sich als Theologiestudent vorstellte, als Teilnehmer dieses Kurses. Dieser Bursche würde also bald Pastor oder Seelsorger einer Anstalt sein! In mir ging etwas vor. Ich spürte Abwehrgefühle gegen ihn. Was dachte sich dieser Kerl eigentlich, in diesem Aufzug zu einem solch wichtigen Treffen zu kommen. Eine Beleidigung für alle anderen! Nebenbei: Im Rahmen des Kurses waren Krankenhausbesuche vorgesehen. Wie konnte man diesen Menschen mit seiner Frisur auf Patienten loslassen? Innerlich regte ich mich immer mehr auf. Ich war richtig ärgerlich. Mir wurde bewußt, daß ich diesen komischen Menschen radikal ablehnte. Am liebsten wäre es mir gewesen, wenn er verschwunden wäre oder seine äußere Erscheinung der Gruppe angepaßt hätte.

Es stand für mich außer Frage, daß ich nie in der Lage sein würde, freundschaftliche Gefühle für Paul zu empfinden. Meine Feindseligkeit gegen ihn war zu stark. Es stand sogar zu befürchten, daß ich ihn nie als einen wirklichen Menschen würde lieben können. Erschreckend, was damals in mir vorging.

Warum das alles? Einfach, weil er sich so sehr von mir unterschied. Er entsprach nicht meinen Erwartungen. Weil ich sein Äußeres nicht billigen konnte, war ich mit seiner ganzen Persönlichkeit nicht einverstanden. Ich gab mir nicht einmal die Mühe, ihn so zu akzeptieren, wie er war.

Vielleicht hätte sich an meiner Einstellung nie etwas

geändert. Aber dann ging er neben mir, als wir einmal vom Essen zurückkamen. Wie es sich gehört, stellten wir uns gegenseitig vor und begannen zu sprechen. Ein Glück, daß ich wenigstens in der Lage war, ihm gegenüber die Formen der Höflichkeit einzuhalten.

Und dann gab ich ihm doch zu erkennen, daß mir seine äußere Erscheinung nicht sehr passend erscheine und daß ich mir Gedanken machte, ob sein Äußeres seiner Beziehung zu den Patienten nicht im Wege stehen könne.

In einigen wenigen Minuten lernte ich viel über Paul. (Und über mich!) Er war offen, freundlich und sprach frei über sich selbst. Er erklärte mir, daß er nur wenig Geld habe, daß er sich alles Geld für sein Studium selbst verdienen müsse. Seine damalige Beschäftigung bestand im Spielen eines Instrumentes in einer Musikgruppe in Los Angeles. Mit kurzgeschorenen Haaren könne er sich dort kaum sehen lassen. Und sein einziger guter Anzug müsse für besondere Gelegenheiten geschont werden.

Dann sprach er über seine Arbeit im Krankenhaus. Seinen Worten war anzumerken, daß er ein ehrliches Interesse an den Menschen hatte und ihnen wirklich helfen wollte.

Je mehr wir unsere gegenseitigen Erfahrungen austauschten, desto deutlicher fühlte ich, daß Paul mir näher kam. Als unsere Unterhaltung beendet war, waren meine feindlichen Gefühle weg. Wir trennten uns als Freunde. Für seine Haare und seine etwas ungepflegte Kleidung hatte ich auch jetzt nicht viel übrig; aber ich mochte Paul und hatte angefangen, ihn zu verstehen und innerlich anzunehmen.

Was, wenn wir nie miteinander gesprochen hätten?

Und was wäre geschehen, wenn Paul mir nicht so geduldig einige Dinge aus seinem Leben erklärt hätte? Wahrscheinlich wäre ich mit der ursprünglichen Abneigung gegen ihn meiner Wege gezogen. Wie oft habe ich das schon getan? Lehne ich nicht fortlaufend Menschen ab, weil sie nicht so aussehen, wie ich es mir vorstelle oder weil sie etwas glauben, wovon ich nicht überzeugt bin? Oder einfach, weil sie andere Ideen haben als ich? Gewohnheiten, die ich nicht billige? Ist meine Beziehung zu Menschen und damit auch die mir von Gott zugedachte Liebesfähigkeit nicht sehr oft eingeschränkt wegen meiner negativen Empfindungen und meines Mangels an Sympathie und Verständnis?

Das kleine Erlebnis mit Paul hat mir in meinem Leben entscheidend geholfen. Ich begann zu verstehen, daß echte Liebe keine Bedingungen kennt. Bedingungslose Liebe ist dazu fähig, Menschen anzunehmen, wie sie sind. Es ist typisch für uns Menschen, daß wir den anderen immer erst nach unserem Maßstab umkrempeln möchten, bevor wir ihn lieben wollen, bevor er unserer Liebe würdig erscheint.

Von Natur aus sind wir im allgemeinen so programmiert, daß unsere Liebe auf bestimmte Bedingungen angewiesen ist. Von daher und auch als Ergebnis unserer Erziehung sitzt in uns die Vorstellung fest, daß wir die Liebe, die man uns schenkt, erst verdienen müssen. Verdienen durch gutes Verhalten, durch Zustimmung; indem wir die Wünsche unserer Umgebung erfüllen oder einfach dadurch, daß wir „nett" und „brav" sind. Ein verhängnisvoller Kreislauf der Anpassung.

Nachdem bei uns selbst der Eindruck entstanden ist,

daß wir Eltern, Lehrern und Freunden gefallen müssen, um geliebt zu werden, erwarten wir folgerichtig auch von anderen, daß sie uns zu gefallen haben, wenn sie von uns akzeptiert und geliebt sein wollen. Diese Einstellung sitzt tief. Sie macht es uns, menschlich gesehen, so gut wie unmöglich, einen Menschen zu lieben, mit dem wir nicht übereinstimmen. Nicht in seinem Glauben, nicht in seinem Tun; der sich anders gibt, als wir das erwarten. Darum versuchen wir krampfhaft, Menschen nach unserer Vorstellung zu verändern. Erst dann sind wir zur Liebe bereit. Wozu hat das geführt? Überall sind wir dabei, uns gegenseitig zu verändern, zu manipulieren, zu beherrschen, zu kontrollieren. Selbst die christliche Verkündigung ist davon nicht ausgenommen. Wie oft fühlen wir Christen uns dazu berufen, erst die Welt und ihre Menschen zu ändern, damit wir sie lieben, damit Gott sie lieben kann. Und wie vielen haben wir den Eindruck vermittelt, erst wenn sie sich entsprechend geändert haben, sei Gott bereit, sich ihnen zuzuwenden?

Wenn Gott in unserer heutigen Welt von vielen so gründlich mißverstanden wird, dann haben wir Christen wesentlich dazu beigetragen, denn ständig reden wir den Leuten ein, daß Gottes Liebe von Bedingungen abhinge. Wir schließen von uns auf ihn.

Das Evangelium dagegen sagt eindeutig: So ist es nicht!

Ob wir uns immer darüber im klaren sind, wo die Wurzeln für dieses falsche Gottesbild liegen? Erinnern wir uns an die Zeit, in der unsere Mutter zu uns sagte: „Du unartiger Junge! Weißt du nicht, daß Gott dich nicht mehr liebt, wenn du dies oder jenes tust?" Das war bestimmt gut gemeint; und trotzdem vermitteln solche Redensarten schon bei Kindern die Vorstellung von einem Gott, der nicht bedingungslos liebt. So wird in jahrelanger Erziehung ein Mensch geformt, werden seine Gefühle beeinflußt. Und irgendwann landen wir bei der irrigen, ja gefährlichen Annahme, daß Menschen hart an sich arbeiten müssen, um für die Liebe Gottes in Frage zu kommen.

Das ist nicht die frohe Botschaft, die uns Jesus Christus hinterlassen hat. Gott mutet keinem von uns zu, einen Menschen ändern zu wollen. Er tut nur eins. Er bittet, er fordert uns auf, zu lieben. Wir sollen Menschen so lieben, wie sie sind. Denn eben dies ist seine Art.

Als Jesus auf dieser Erde als Mensch unter Menschen lebte, hat er nie jemanden unter Druck gesetzt. Er hat auch nicht gesagt: „Ändert euch, damit ihr der Liebe Gottes würdig seid!" Wer Jesus wirklich begegnete, versuchte nicht, seine Vergangenheit zu überwinden, *um* von ihm geliebt zu werden. Sondern er bereute seine Vergangenheit und begann ein neues Leben, *weil* er von Christus geliebt wurde und er diese Liebe erwidern wollte.

Jesus Christus liebt uns Menschen ohne Hintergedanken, aufrichtig, bedingungslos. Zu ihm kann man kommen, so wie man ist. Natürlich hätte sich Jesus bestimmt oft wohler gefühlt, wenn er seinen Umgang auf angesehene Menschen in der Gesellschaft begrenzt hätte.

Auf Menschen, die gut gekleidet waren und oft badeten. Deren Ruf so einwandfrei war wie ihre äußere Erscheinung.

Er hätte, ohne sich um große Ausreden bemühen zu

müssen, viele Begegnungen umgehen können. Zum Beispiel mit einer Person wie Maria Magdalena. Es wäre nur vernünftig gewesen, hätte er sich gesagt: Warum soll ich meine Stellung und meinen Einfluß aufs Spiel setzen, indem ich mich mit einem Straßenmädchen in der Öffentlichkeit sehen lasse? Das würde ein schlechtes Licht auf mich selbst und auf meinen Auftrag werfen, und es würde mir die Kreise verschließen, die schon viele Voraussetzungen für Gott mitbringen. Warum soll ich meine Zeit mit dem Abschaum der Gesellschaft vergeuden, da mir ohnehin nur wenige Monate zur Verfügung stehen, um eine große Aufgabe auf Erden zu vollenden?

Zum Glück für diese Frau und für uns kannte der Erlöser keine Grenzen für seine Liebe. Sie stand einem Trinker genauso offen wie einem Dieb oder einer Prostituierten. Gottes Liebe kennt keine Grenzen. Es ist eine Liebe, die nicht verdammt, sondern annimmt. Eine Liebe, die nicht ablehnt und herabsetzt, sondern die Mut macht und heilt. Es ist so wichtig, daß wir uns dies bewußt machen: Gott ist willens uns zu lieben, uns zu vergeben und uns in unserem verkehrten Zustand anzunehmen. Wie unsinnig, ja wie unannehmbar wäre es, wenn wir dagegen von irgend jemandem erwarten wollten, sich erst zu ändern oder bestimmte Qualifikationen aufzuweisen, damit wir ihn lieben können – mit unserer schwachen, begrenzten menschlichen Liebe oder dem, was wir dafür halten. Wir geben ein jämmmerliches Bild ab, wenn wir unserer Liebe Grenzen setzen, nachdem wir Gottes grenzenlose Liebe am eigenen Leib verspürt haben.

Wer Gottes Liebe wirklich erlebt, hört auf, hart über einen anderen Menschen zu reden oder sich zu seinem

Richter aufzuschwingen. Völlig unabhängig davon, wie er aussieht, was er tut oder wovon er überzeugt ist. Es muß einfach gesagt werden: Unsere menschliche Liebe, ganz gleich wie rein und tief sie sein mag, ist für andere oft nur um einen hohen Preis zu haben. Allzuoft ist sie an Bedingungen gebunden, und wir neigen dazu, sie auf liebenswerte Menschen zu begrenzen, und auch das nur so lange, wie sie für uns liebenswert bleiben. Dabei kann meine Liebe einen anderen nicht heilen. Sie kann keinen besseren Menschen aus ihm machen und vor allem – sie kann ihn nicht retten. An der Unzulänglichkeit meiner Liebe haben schon manche Menschen ihre Hoffnung verloren.

Und doch gehört es zu den Urbedürfnissen eines jeden Menschen, geliebt zu werden, auch wenn er von der Liebe Gottes noch nie etwas gehört hat. Kein Mensch kann diese Sehnsucht selbst erfüllen. Darum fordert uns Gott auf, diesen Ruf nach Liebe zu beantworten – ob er nur durch einen fragenden Blick geäußert oder aus Verzweiflung herausgeschrien wurde. Und jeder, der Liebe weitergeben will, darf gewiß sein, daß Gott durch ihn wirkt und durch ihn die Welt an seiner errettenden bedingungslosen Liebe teilhaben läßt.

LIEBE

stellt keine Bedingungen.
Sie nimmt den anderen an, so wie er ist.
Auch wenn er nicht meinen Erwartungen entspricht.
Die Liebe überläßt es Gott, ob und wie ein Mensch sich ändert.

6
LIEBEN – AUCH DIE SCHWIERIGEN?

„Liebet eure Feinde. Wenn ihr nur die liebhabt, die euch mit Liebe begegnen – was ist dabei?"

Zwei Psychiater hatten im gleichen Haus ihre Praxis. Oft begegneten sie sich im Fahrstuhl. Der eine begrüßte den anderen stets, indem er ihm ins Gesicht spuckte. Der andere nahm wortlos sein Taschentuch heraus und wischte sich das Gesicht ab, bevor er eine Etage höher den Fahrstuhl verließ.

Der Fahrstuhlführer hatte das eine Zeitlang täglich beobachtet. Er war verwirrt und neugierig zugleich. Nachdem der eine den Fahrstuhl eines Morgens verlassen hatte, fragte er den anderen: „Doktor, ich verstehe Sie nicht. Sagen Sie mir, wieso lassen Sie sich von Ihrem Kollegen jeden Morgen ins Gesicht spucken?" – „Was weiß ich", antwortete der Psychiater, „das ist doch sein Problem!" Die moderne Gesellschaft ist tolerant geworden. Man ist bereit, alles zu akzeptieren. Zumindest handeln wir nach der oberflächlichen Devise, jeden nach seiner Fasson selig werden zu lassen. Die Glosse von den zwei Psychiatern verdeutlicht jedoch sehr einfach, wie untauglich es ist, alles zu akzeptieren, nur um des Akzeptierens willen. Toleranz anderen gegenüber ist notwendig, aber sie reicht nicht aus.

Man muß sich einmal vorstellen, Gott hätte uns mit allen unseren Verkehrtheiten toleriert, aber nichts unternommen, um uns aus unserer gefährlichen Lage herauszuhelfen.

Der tolerante Psychiater erscheint uns in seiner Haltung geradezu als heroisch. Trotzdem, er hätte über das, gelinde gesagt, ungewöhnliche, ja beleidigende Verhalten seines Kollegen nicht einfach hinwegsehen sollen. Denn der signalisierte doch mit seinem Verhalten, daß man sich um ihn kümmern und sich bemühen muß, ihm zu helfen. So hat der Tolerante lediglich den Unliebenswerten akzeptiert, aber er versäumte es, ihm einen Dienst zu erweisen und ihm zu helfen.

Es ist *eine* Sache, Menschen zu tolerieren, die uns vielleicht irritieren, die uns nicht zusagen, die uns auf die Nerven gehen. Wir sagen zu uns selbst: Mensch, sei vernünftig, der andere hat seine Probleme; du mußt versuchen, seine Fehler zu tolerieren.

Eine ganz *andere* Sache ist es, sich in die Probleme anderer verwickeln zu lassen, und zwar liebevoll und hilfreich zugleich. Zugegeben, ein solches Verhalten erfordert mehr, erheblich mehr. Denn das kann bedeuten, daß wir uns mit allen unseren Kräften, geistig und körperlich, auf einen Menschen einlassen. Dazu sind wir nur selten bereit.

Viel lieber wenden wir unser Interesse den netten Menschen zu; denen, die ansprechend auf uns wirken, die gut riechen, die in Sprache, Aussehen und Aufmachung angenehm sind, gut gekämmt und mit blitzenden

Zähnen. Ihre Gesellschaft suchen wir gern. Wir laden sie zum Essen ein. Wir haben viel mit ihnen gemeinsam. Sie denken wie wir. Sie sagen uns zu. Kurz: Typen, die uns liegen. Leider begegnen wir auch anderen Leuten; solchen, die abstoßend auf uns wirken, die uns auf die Nerven fallen, uns in Verlegenheit bringen. Leute unter unserem Niveau. Aus unserer Sicht bleibt uns gar nichts anderes übrig, als sie abzulehnen. Der Umgang mit ihnen erscheint uns als nicht wünschenswert, also überlassen wir sie sich selbst.

Natürlich bleiben wir höflich. Wir haben gelernt, uns zu beherrschen. Kein Zug in unserem Gesicht verrät unsere Gedanken. Wir werden doch nicht aus der Rolle fallen! Irgendwie deichseln wir es schon, ihre Existenz hinzunehmen. Ein halbherziger Händedruck, wenn es gar nicht anders geht; eine hastige, herablassende Frage nach der Gesundheit unseres Gegenüber; das gezwungene und gespielte Interesse, wenn man uns einmal etwas sagen will. Aber in jedem Augenblick geben wir deutlich zu verstehen, daß wir Distanz erwarten. Wenn wir ehrlich sind: Hund und Katze zu Hause werden besser behandelt. Bei einigen Leuten, denen wir begegnen, fühlen wir uns völlig im Recht, wenn wir sie ablehnen. Hinterhältige, Kritische; Leute, die überall, wo sie auftauchen, Spannungen verursachen; die sämtliche Pläne zum Scheitern bringen wegen ihrer stets negativen Einstellung. Es gibt ja Zeitgenossen, die einen Menschen mit Worten aufspießen können. Oder die anderen, die dadurch unangenehm auffallen, daß sie viel zu viel reden. Bei anderen wiederum fühlen wir uns unbehaglich, weil sie fast gar nichts reden. Die Ungebildeten, die Respektlosen. Die Selbstgefälligen und Geltungsbedürftigen.

Soll man sie alle akzeptieren und tolerieren, ohne sie wirklich zu lieben?

Wie reagieren wir, wenn jemand, von dem wir eine hohe Meinung haben, von dem wir glauben, daß wir ihm vertrauen können und er unsere ganze Zuneigung verdiene, plötzlich in unseren Augen nicht mehr als liebenswert erscheint – der Ehepartner, ein Kind, unser bester Freund, unser Arbeitskollege? Wenn wir sie aus irgendeinem Grund plötzlich nicht mehr so nett und liebenswert finden – wird uns das veranlassen, ihnen unsere Liebe einfach aufzukündigen?

Als ich noch in der Jugendarbeit stand, hatte ich einen Kollegen, den ich nie vergessen werde. Vielleicht war er der freundlichste und rücksichtsvollste Mensch, dem ich je begegnet bin. Den Mann achtete jeder, der ihn kannte. Er stand im mittleren Alter, ein Energiebündel; er strahlte eine beruhigende Autorität aus, sein Unternehmensdrang war kaum zu bändigen. Seine Einstellung zum Leben und seine vielen Fähigkeiten setzte er ein für andere Menschen. Es schien unmöglich, mit dem Mann Streit zu bekommen. Verständnisvoll, liebenswürdig und geduldig wandte er sich jedem zu, mit dem er zu tun hatte.

Einmal gehörte ich zu seinem Mitarbeiterkreis in einem Jugendlager. Dieses Lager war im Lauf der Zeit eine anstrengende Sache geworden. Das Wetter war schlecht, es regnete und stürmte die ganze Zeit. Das verursachte Enttäuschungen, weil viele Höhepunkte die im Freien stattfinden sollten, gestrichen werden mußten. Es fing an, durch die Zelte zu regnen. Viele waren erkältet, alle waren unzufrieden. Es gab keinen mehr, dem das Lager noch den geringsten Spaß gemacht hätte. Am Tag, an dem wir das Lager schließlich abbrechen mußten, entschieden sich die Elemente zu einem eindrucksvollen, großen Finale. Heftige Windböen und Regengüsse brachen über uns herein. Und das genau zu der Zeit, da dieser Kollege, der der Leiter des Lagers war, auf dem ganzen Gelände unterwegs war, um jedem seinen Platz und seine Tätigkeit zuzuweisen. Denn trotz der äußeren Umstände wollten wir das Lager in einwandfreiem Zustand hinterlassen.

Natürlich waren die meisten darauf bedacht, Pflichten zu übernehmen, bei denen sie vor den schlimmsten Regengüssen geschützt waren. Sogar einige der Erwachsenen entwickelten großen Eifer in allem, was im Haus oder in der Nähe des noch immer brennenden Lagerfeuers erledigt werden konnte.

Es war eine zähe Sache, die Leute in Bewegung zu bringen. Dabei hatten wir uns nach einem festen Zeitplan zu richten. Der Lagerleiter konnte sich die Komplikationen für viele der Jugendlichen ausmalen, wenn sie ihre Anschlußzüge nicht erreichen würden. So rannte er überall herum, machte viele der Arbeiten selbst und versuchte oft vergeblich, Hilfe zu bekommen. Völlig durchnäßt und frierend mühte er sich weiter ab.

Als er zu mir kam, hatte ich Glück. Ich arbeitete gerade draußen im strömenden Regen. Trotzdem gewann er den Eindruck, daß ich die Arbeit nicht so ausführte, wie er es sich offenbar vorgestellt hatte. Er hatte sich auf mich verlassen, und nun sah es so aus, als ob auch ich ihn im Stich gelassen hätte. Ich weiß heute nicht mehr, was ihn dazu veranlaßte – aber genau in diesem Augenblick wurde der Mann sehr „menschlich". Sein sonst so freundliches Gesicht bekam harte, strenge Züge. Er schaute mich wütend an. In einigen ärgerlichen Worten gab er mir einen regelrechten Anschnauzer. Damit wandte er sich schnell wieder ab und ging weiter.

Mir blieb gar nicht die Zeit zu einem Versuch, mich zu verteidigen oder dagegen zu protestieren. Vielleicht war ich auch viel zu sehr überrascht, denn ich hatte soeben einen seltsamen, aber nicht ungewöhnlichen Vorgang erlebt. Ich hatte gesehen, wie ein liebenswerter Mensch seine Anziehungskraft auf mich verlor.

Dieser Kollege hatte mir zuvor nie den geringsten Anlaß gegeben, ihn nicht zu mögen, im Gegenteil. Ich hatte eine große Zuneigung zu ihm. Ich hatte ihm als Menschen und als Kollegen immer meine ganze Achtung entgegengebracht. Falls ich ihn jetzt nicht mehr lieben konnte, hatte er mir selbst die Entschuldigung dafür geliefert.

Es bedarf zwar keiner Erwähnung: Selbstverständlich war mein Mitarbeiter, als das ganze Durcheinander beendet war, wieder so geduldig und freundlich wie immer. Und obwohl er sich nie bei mir entschuldigte, zeigte er doch durch seine Haltung und durch viele kleine Gesten, daß es ihm sehr leid tat.

Solange diese Welt besteht, wird es immer Gelegenheiten geben, die es uns vorübergehend schwermachen, selbst die liebenswertesten Menschen zu lieben. Vielleicht werden es sogar Christen sein, die für kurze Augenblicke ihr Christsein, das heißt ihre Abhängigkeit von

Gott, vergessen. Ihre alte Natur stellt sich wieder erfolgreich zur Schau. Ob wir es wahr haben wollen oder nicht: Das sind unsere Gelegenheiten, sie trotzdem zu lieben.

Auf barsches, abweisendes Verhalten freundlich zu reagieren, das ist für uns nicht das Naheliegende. Vielmehr ziehen wir die unfreundliche Art, in der ein anderer uns begegnet, als Entschuldigung heran für unsere eigene negative Reaktion. Damit lassen wir gewollt oder ungewollt den anderen darüber entscheiden, ob wir lieben wollen oder nicht.

Menschen zu lieben, das ist die schwerste von allen Schwerarbeiten auf dieser Welt. Denn sie besteht darin, Menschen zu lieben, die nicht immer liebenswert sind: Boshafte, Egoisten, Lügner, Querulanten, Undankbare, Ungeduldige. Das ist der Stoff, aus dem die menschliche Natur gemacht ist, die sich von Gott gelöst hat. Wie oft blitzen diese Eigenschaften im Alltag auf und sogar bei Leuten, von denen wir es nicht erwartet, denen wir es auch nie zugetraut hätten. Und bei vielen tut es uns leid, das mitansehen zu müssen. Sollen wir sie lieben – trotz alledem? Seien wir ehrlich: Wir sind überhaupt nicht dazu fähig, solche Leute zu lieben. Und es ist für uns ein böses Erwachen, wenn die eigene Frau, der eigene Mann, Vater und Mutter zu diesen Typen gehört. Oder wenn wir unsere Kinder dazu zählen müssen. Unseren Pastor oder die freundliche alte Dame in unserer Nachbarschaft. Solange wir unsere Bereitschaft zur Liebe von Bedingungen abhängig machen, können wir unvollkommene Menschen nicht lieben. Weil sie uns ärgern und enttäuschen, weil sie unseren Erwartungen nicht entsprechen, entziehen wir ihnen unsere Liebe. Und weil nun einmal alle Menschen, einschließlich desjenigen, mit dem wir verheiratet sind, zu dieser unvollkommenen Kategorie gehören, stößt unsere Liebesfähigkeit ständig an ihre Grenzen. Wir können nicht bedingungslos lieben, jedenfalls nicht von uns aus.

Wer seine Bibel aufmerksam liest, wird schnell erkennen, daß Gott von uns mehr erwartet, als nur human zu sein. Die Bibel will uns weiterführen. Um es einfach auszudrücken: Jesus Christus will durch unser Leben etwas tun, wozu wir von uns aus nicht fähig sind.

Wir sind sehr ernüchtert, wenn wir in der Bibel lesen, daß Liebe gegenüber Liebenswerten nichts Besonderes ist. „Wenn ihr liebet, die euch lieben, was habt ihr davon? Auch die Sünder lieben ihre Freunde." Gottes Wort führt nur über die Möglichkeiten hinaus, über die wir von uns aus verfügen. Hier erfahren wir etwas von einer unbegrenzten und beständigen Liebesfähigkeit, die sich nicht von äußeren Umständen abhängig macht. Zu dieser Art von Liebe will Gott uns befähigen. Eine Spielart der Liebe – außergewöhnlich, menschlich unbegreiflich und aufregend. Liebe, die auch dann nicht am Ende ist, wenn es darum geht, schwierige Menschen zu lieben.

Es ist schon erstaunlich, daß diese Liebe jedem offen steht und umsonst zu haben ist. Sie ist das selbstverständliche Ergebnis einer persönlichen Lebensgemeinschaft mit Jesus Christus. Liebe, die frei ist von egoistischen Zielen, ist das Größte, was Gott uns geben kann. Diese Liebe lebt nicht von Gefühlen und Neigungen, sondern sie ist das Prinzip, nach dem Gott selbst handelt. Man kann nicht auf Jesus Christus verzichten wollen und sich gleichzeitig darüber beklagen, daß einem diese Liebe fehlt. Nur wer Jesus Christus kennt – nicht nur dem Namen nach – kann diese Liebeskraft erleben.

Wie Gott uns diese Liebe schenkt? Der Apostel Paulus sagt: Diese Liebe, die sich im Alltag bewährt, ist eine Frucht, die der Heilige Geist in unserem Leben wachsen läßt. Gott befähigt uns durch seinen Geist, uns am Vorbild seiner Liebe zu orientieren.

Natürlich fühlen wir uns oft dazu verpflichtet, Schwierige zu lieben. Aber das führt zu nichts. Irgendwann werden wir zu der richtigen, wenn auch schmerzlichen Einsicht kommen, daß es für uns genauso unmöglich ist, Menschen aus uns heraus wirklich zu lieben, wie es unmöglich ist, sich selbst aus dem Sumpf herauszuziehen. Und wenn wir uns noch so sehr und ausdauernd anstrengen! Der Schlüssel zu richtigem Liebesverhalten liegt nicht in uns selbst. Es ist Jesus Christus, der uns seine Liebe schenkt, damit wir andere lieben können. Liebe, wie Gott sie von uns erwartet, ist nicht unsere eigene Leistung, sondern sein Geschenk an uns.

Wer das begreift, dem wird eine schwere Last abgenommen. Er wird von dem Druck befreit, etwas tun zu müssen, von dem er doch weiß, daß er es von sich aus nie zuwege bringt. So sagt mir Gott als erstes, daß Liebe lebensnotwendig ist, für mich und für andere. Zweitens komme ich zu der niederschmetternden Erkenntnis, daß ich zu dieser Liebe von mir aus unfähig bin. Wie gut, daß mir das dritte nicht vorenthalten wird: Gott schenkt mir diese Liebe aus freien Stücken. Es wäre tragisch, wenn wir die Liebe Gottes nicht als Kernstück des Evangeliums begreifen würden. Wer Jesus Christus begegnet, lernt Gott verstehen. Und je mehr er Gott erkennt, desto ähnlicher wird er ihm. Ähnlicher in seiner Güte und Liebe für Menschen. Gott befähigt uns mit dieser Liebe zu einem Schritt, der über die eigene Natur hinausführt.

LIEBE

hält durch.
Auch wenn sie es mit Leuten zu tun bekommt,
die es ihr schwer machen.
Das Stehvermögen der Liebe kommt nicht aus ihr selbst.
Sie läßt es sich schenken von Gott.

7
LIEBE
IST NICHT NUR EIN WORT

*„Vertraue auf Gott und tue,
was recht ist."*

Was Liebe wirklich ist – darüber ließ sich Jesus Christus eines Tages in eine Diskussion mit einem Schriftgelehrten verwickeln. Er war einer von denen, die stets die rechten Worte über die Wichtigkeit der Liebe zur Hand haben. Leider wußte er dennoch nicht, was Liebe wirklich ist.

Dieser Theologe lehnte ab, was Jesus zu sagen hatte. Trotzdem ist seine Geschichte für alle Zeiten als ein unvergleichliches Beispiel dafür überliefert worden, was Gott unter Liebe versteht.

„Ein Gesetzeslehrer wollte Jesus auf die Probe stellen und fragte ihn: ,Was muß ich tun, um das ewige Leben zu bekommen?' Jesus antwortete: ,Was steht denn im Gesetz? Was liest du dort?' Der Mann antwortete: ,Liebe den Herrn, deinen Gott, von ganzem Herzen, mit ganzem Willen, mit deiner ganzen Kraft und deinem ganzen Verstand! Und: Liebe deinen Mitmenschen wie dich selbst!' – ,Richtig geantwortet', sagte Jesus. ,Handle so, dann wirst du leben.'

Aber der Gesetzeslehrer wollte sich verteidigen und fragte Jesus: ‚Wer ist denn mein Mitmensch?'

Jesus begann zu erzählen: ‚Ein Mann fuhr von Altona nach Blankenese. Unterwegs überfielen ihn ein paar Gangster. Als sie ihm seine Brieftasche und seinen neuen Mantel geraubt hatten, schlugen sie ihn zusammen und fuhren mit seinem Auto davon. Ihn selbst ließen sie bewußtlos am Straßenrand liegen.

Nun geschah es, daß ein Pastor den gleichen Weg dahinfuhr. Als er den Mann dort liegen sah, gab er Gas und fuhr schnell weiter. Kurz danach fuhr ein Gemeindeleiter an der gleichen Stelle vorbei. Als er sah, was geschehen war, trat auch er auf das Gaspedal.

Dann kam ein türkischer Gastarbeiter an die Stelle, wo der Mann lag. Was er sah, bewegte sein Herz. Er hielt sein Auto an, verband die Wunden, so gut er konnte, wischte ihm das Blut ab und legte ihn vorsichtig auf den Rücksitz. Er brachte ihn nach Altona ins Krankenhaus und sagte bei der Aufnahme: ‚Bitte, versorgen Sie diesen Mann gut. Ich habe ihn auf der Straße gefunden. Ich weiß nicht, ob er krankenversichert ist. Ich selbst habe nicht viel Geld bei mir. Hier ist meine Adresse. Wenn er die Behandlungskosten nicht bezahlen kann, werde ich für alles aufkommen.'

Wenn du nun selbst der Mann wärest, der unter die Gangster gefallen ist, von wem würdest du annehmen, daß er dein Nächster sei? – Der Pastor, der Gemeindeleiter oder der türkische Gastarbeiter. Der Theologe antwortete Jesus: ‚Natürlich der Türke. Ich meine den, der mich so freundlich behandelt hat.' Jesus sagte zu ihm: ‚Dann gehe hin und fange an, auch so zu handeln.'"

Die Bibel zeigt uns Liebe in Aktion; für dich und mich, in vielen Variationen. „Seht, wie groß die Liebe ist, die der Vater uns geschenkt hat: Wir heißen Kinder Gottes, und wir sind es." (1. Johannes 3,1.) „Gott aber hat seine Liebe zu uns darin erwiesen, daß Christus für uns gestorben ist, als wir noch Sünder waren." (Römer 5,8.)

Christus wußte, daß er uns Menschen von der Liebe Gottes nicht mit Worten überzeugen konnte. Er zeigte seine Liebe darin, wie er lebte. Von sich selbst sagte er: „Denn auch der Menschensohn ist nicht gekommen, um sich dienen zu lassen, sondern um zu dienen und sein Leben hinzugeben als Lösegeld für viele." (Matthäus 20,28.) In einem anderen Bericht lesen wir: „Jesus von Nazareth zog umher, tat Gutes und heilte alle, die in der Gewalt des Teufels waren; denn Gott war mit ihm." (Apostelgeschichte 10,38.)

Das ist der Lebensstil, den Gott an Christen sehen möchte. Er will, daß wir aktiv lieben. George Small hat einmal folgendes geschrieben:

Ich lese in einem Buch,
über einen Mann, genannt Christus.
Er ging umher, um Gutes zu tun.
Es bringt mich in Verlegenheit,
daß ich so schnell zufrieden bin,
wenn ich nur umhergehe.

Jesus Christus tat Gutes, weil er gut war. Auf diesen Höhepunkt der Liebe will er auch uns führen. Wie oft ist doch das Gute, zu dem wir uns veranlaßt sehen, auf geheime Motive gegründet. Wir erweisen anderen Gutes, weil wir von ihnen Angenehmes erfahren haben. Oft tun wir etwas Gutes, weil wir uns sagen: Eigentlich sollte man. Oder weil wir uns schuldig fühlen, wenn wir es unterlassen. Noch schlimmer: Wir erweisen jemandem etwas Gutes, damit er uns einen Gefallen tut. So üben wir Druck aus und verwechseln Liebe mit Manipulation; denn unser scheinbar liebevolles Verhalten will den anderen unseren Wünschen gefügig machen, oder er soll so werden, wie wir ihn haben wollen.

Jesus hat eine Liebe vorgelebt, die nicht auf Belohnungen aus war. Er wollte mit Liebe nicht seinen Willen durchsetzen. Darum steht echt verstandenes Christentum der materialistischen Lebensart unserer Zeit so radikal gegenüber.

Dr. Sakae Kubo stellt dazu fest: „Jesus machte sich keine Freunde, um Menschen für das Christentum zu gewinnen. Er heilte sie nicht oder tat ihnen Gutes, damit sie sich seiner Bewegung anschlossen. Sicher, viele taten das – weil seine grenzenlose Liebe keine Bedingungen an sie stellte. Aber nicht ihre Reaktion war das entscheidende Motiv für sein Verhalten. Die Geschichte vom barmherzigen Samariter zeigt uns, wie wir Gutes tun sollten. Dieser Mann war nicht darauf aus, daß Fotoreporter und Journalisten anwesend waren. Er befragte auch den Verletzten nicht lange, um sich zu vergewissern, ob er seine Wohltaten nicht an einen Unwürdigen verschwende. Nein, er sah nur einen Mitmenschen in Not und half ihm aus reiner Güte. Er war gütig, ohne irgendwelche persönlichen Ziele zu verfolgen."

Jesus liebte aktiv. Seine Liebe galt der Gesundheit und dem Wohlergehen der Menschen. Mit seiner Liebe erfüllte er den Willen Gottes für den Menschen, der ihm gerade gegenüberstand. Christsein bedeutet, es Jesus nachzutun, ohne daß meine Gefühle dabei eine besondere Rolle spielen.

Liebe erweist dem anderen Gutes, weil er da ist, weil er sich in einer Not befindet; ohne Nebengedanken oder mit der Erwartung auf einen besonderen Dank. Weil Jesus Christus uns in dieser Art liebt, können wir wissen, was der Vater im Himmel für uns empfindet. Kein Wunder, daß die Bibel so weit geht zu sagen: „Ein reiner und makelloser Dienst vor Gott, dem Vater, besteht darin: für Waisen und Witwen zu sorgen." (Jakobus 1,27.) Und ein israelitischer Liederdichter gab vor Jahrtausenden schon den Ratschlag: „Vertrau auf den Herrn und tu das Gute." (Psalm 37,3.)

Einerseits muß es ganz klar sein: Gottes Liebe kann ich mir nicht durch möglichst viele gute Taten erkaufen. Andererseits müssen wir, wie die Schriftgelehrten vor zweitausend Jahren, wieder lernen, daß korrekte theologische Wahrheiten, ja selbst die Fähigkeit, prophetische Aussagen zu machen, niemals Ersatz sein können für eine Liebe, die im Alltag handelt.

Es ist einzigartig, wie Jesus Christus seinem Jünger Petrus das deutlich machte. In einer Begegnung nach seiner Auferstehung kommt es zu einem Gespräch zwischen Jesus und seinem Freund Petrus. Er stellt ihm eine offene, überraschende Frage: „Petrus, hast du mich lieb?" Petrus war erschrocken. Auf diese Frage war er nicht gefaßt. War aus seinem Leben nicht deutlich geworden, auf wessen Seite er stand und wem er treu war? Kannte Jesus nicht die Stärke seines Glaubens?

Wir wissen nicht, was in Petrus vorging. Wir wissen nur, was und wie er antwortete: „Herr, du weißt, daß ich dich liebhabe." Auf dieses Bekenntnis hätten wir wahrscheinlich geantwortet: „Petrus, ich liebe dich auch." Und damit wäre der Fall für uns erledigt gewesen. Jesus jedoch hatte diese Frage nicht aus einer augenblicklichen Laune heraus gestellt, sondern weil er Petrus eine wichtige Einsicht vermitteln wollte. Er sollte verstehen, was Liebe wirklich bedeutet.

Es ist keine Frage: Jesus kannte den starken Glauben des Petrus. Er wußte auch, daß sein Freund mit ihm zwar durch dick und dünn gehen würde, daß es dabei aber auch oft sehr menschlich zuginge. So wollte Jesus an diesem Tag mit Sicherheit nicht die Treue seines Jüngers in Frage stellen, wie Petrus dies wohl zunächst befürchtet hatte.

Mit einem einfachen Satz aus drei Worten gibt Jesus dem Petrus, den anderen Jüngern und uns selbst zu erkennen, was Liebe wirklich ist. Jesus gibt Petrus den Auftrag: „Weide meine Schafe!" Was will er damit sagen?

Erstens gibt er damit seinem Jünger, der ihn vor kurzem noch verleugnet hatte, einen unerhörten Vertrauensbeweis. Er macht ihn, der ihn in der Stunde der Not verlassen hatte, zum Hirten über seine Herde. Das ist das eine. Zum anderen macht er deutlich: Liebe ist nicht nur ein Wort. Sie ist auch mehr als ein angenehmes Gefühl für andere. Liebe ist bereit, etwas zu tun; Liebe will da sein für andere. Wenn du mich also wirklich liebst, Petrus, wenn du ein echter Nachfolger sein willst, dann bringe es zum Ausdruck durch aktiven Dienst für Menschen, die dich brauchen.

Oft meinen wir, Liebe stelle sich ganz automatisch ein, wenn wir nur den richtigen Glauben hätten und zum Gehorsam Gott gegenüber bereit seien. Und wir meinen außerdem, daß doch niemand unsere Liebe in Frage stellen könne, da doch unser Glaube in Ordnung sei. Das Gespräch zwischen Jesus und Petrus zeigt, daß Liebe sich nicht automatisch einstellt. Darum war Jesus so beharrlich darin, seinen Jüngern immer wieder begreiflich zu machen, was Liebe ist und worin sie sich zeigt.

In vielen Gesprächen läßt Jesus seine Jünger die Zukunft sehen. Er spricht mit ihnen auch über den Tag, an dem die Menschen aller Zeiten vor ihrem Schöpfer stehen werden. An dem Tag wird vieles noch einmal zur Sprache kommen, was längst vergessen schien. Jesus sagt, daß es am Ende dieses Gerichtstages zwei Gruppen geben wird. Sie unterscheiden sich in dem, was der Richter ihnen sagen wird. Zur einen Gruppe sagt er: „Kommt her!" zur anderen: „Gehet weg!" (Matthäus 25,34. 41.)

Natürlich drängt sich die Frage auf: Worin liegt nun eigentlich der entscheidende Unterschied zwischen diesen beiden Gruppen? Anders gesagt: Was macht Gott zum Maßstab für sein Gericht?

Jesus macht die Sache einfach. So einfach, daß sogar ein Kind verstehen kann, wovon hier die Rede ist. Wieso wird die eine Gruppe willkommen geheißen mit den Worten: „Kommt her – ererbet das Reich"? Liegt es daran, daß hier die Wahrheit theologisch korrekt geglaubt wurde und man dem Buchstaben des Gesetzes gehorsam war?

Jesus sagt eindeutig nein. Ob mich Gott einmal als Freund und Erben seines Reiches aufnehmen wird, entscheidet sich heute in meinem Leben. Und es entscheidet sich daran, wie ich anderen Menschen begegne. „Denn ich war hungrig, und ihr habt mir zu essen gegeben; ich war durstig, und ihr habt mir zu trinken gegeben; ich war fremd und obdachlos, und ihr habt mich aufgenommen; ich war nackt, und ihr habt mir Kleidung gegeben; ich war krank, und ihr habt mich besucht; ich war im Gefängnis, und ihr seid zu mir gekommen. Darauf wird der König ihnen antworten: Was ihr für einen meiner geringsten Brüder getan habt, das habt ihr mir getan." (Matthäus 25,35. 36. 40.)

Wenn Gottes Wort stimmt, dann beruht unsere Eignung für das Reich Gottes schlicht und einfach darauf, daß und wie wir geliebt haben. Gott wird uns einmal nicht danach fragen, was wir zu glauben vorgegeben haben, sondern er fragt, was wir getan oder unterlassen haben. Lebe ich, wie Jesus Christus gelebt hat? Dreht sich alles nur um mich selbst, oder bin ich für andere da? Fällt es mir leicht, etwas abzugeben von dem, was mir gehört? Ringe ich mir meine Zeit für andere und das Geben für andere mühsam ab, oder ist es die selbstverständliche Tat der Liebe? Bin ich bereit, einen Wunsch zurückzustellen, auf eine Anschaffung zu verzichten, weil andere etwas nötiger haben als ich?

Wer dazu bereit ist, wird einmal die Worte hören: „Kommt her, ihr Gesegneten meines Vaters, ererbet das Reich, das euch bereitet ist von Anbeginn der Welt!"

Die Bibel sagt nicht: Ich war hungrig, und du hast in einem Leserbrief an deine Zeitung vorgeschlagen, daß man mehr tun müsse für die dritte Welt. Jesus sagt: Du hast mich gespeist.

Die Bibel sagt nicht: Ich war durstig, und du hast einen Vortrag gehalten über den Mangel an gutem reinem Wasser als Zeichen der letzten Zeit. Jesus sagt: Du hast mich getränkt.

Die Bibel sagt nicht: Ich war ein Ausländer, und du hast mir die Adresse einer Sozialbehörde genannt. Jesus sagt: Du hast mich beherbergt.

Die Bibel sagt nicht: Ich hatte kaum etwas anzuziehen. Und das machte dich verlegen, und du hast schnell die Straßenseite gewechselt. Jesus sagt: Du hast mich gekleidet.

Die Bibel sagt nicht: Ich war krank, und du hast dich auf andere und auf die Gesundheitsfürsorge verlassen. Jesus sagt: Du hast mich besucht.

Die Bibel sagt nicht: Ich war im Gefängnis, und du bist für ein Rehabilitationsprogramm für Gefangene eingetreten. Jesus sagt: Du bist zu mir gekommen.

Der Schöpfer des Universums wird den künftigen Bürgern seines Reiches sagen: „Du liebst mich und hast in deinem Leben deine Liebe gezeigt. Du hast sie wirken lassen, indem du etwas getan hast für andere. Es ging dir nicht darum, bei mir oder in den Augen der Menschen gut dazustehen. Du hast geholfen, weil Menschen da waren mit ihren Nöten und Bedürfnissen. Du hast das getan, was ich von jedem Christen erwartet hatte!"

Am Jüngsten Tag werden viele Menschen überrascht, ja verzweifelt sein, weil Gott sich von ihnen abwendet. Dabei haben sie doch als gute Bürger gelebt und sich nie etwas Nennenswertes zuschulden kommen lassen. Sie nannten sich sogar Christen und zahlten regelmäßig Steuern und Beiträge. Und nun soll das alles umsonst gewesen sein? Wenn ja – warum?

Sie waren keine Liebenden. Sie haben weder für Gott

noch für Menschen gelebt. Sie können sich selbst an kaum etwas erinnern, womit sie ihre Liebe bewußt zum Ausdruck brachten. Denn diese ihre Liebe hat es in Wirklichkeit nie gegeben.

Welche Tragik! Man kann das Ziel seines Lebens unwiderruflich verfehlen, weil man zu der Sorte Menschen gehört, die das Gute unterlassen und sich der Liebe Gottes verweigern.

Der Tag wird kommen, an dem wir unsere Schuld in ihrer ganzen Tragweite erkennen. Wie in einem Film werden wir uns an die vielen Möglichkeiten erinnern, in denen unser Dienst gefragt war. Viele werden dann verpaßten Gelegenheiten nachtrauern, die nie wiederkehren. Sie werden am Ende zugeben müssen, daß Gott unsere satte Selbstzufriedenheit zu Lebzeiten nicht nachträglich noch belohnen kann. Gott wird uns nicht fragen, wofür wir uns hielten; er wird uns sagen, wer wir waren.

Ein Glück, daß wir heute noch in der Lage sind, solche Überlegungen anzustellen. Trennen wir uns doch von der irrigen Vorstellung, unser Leben gehöre uns selbst. Um zu ermessen, was ein Leben wert ist, dafür genügt der Maßstab eigener Selbstzufriedenheit nicht. Es steht unumstößlich fest: Gott will, daß wir uns aus Liebe in Bewegung setzen für Menschen, deren Nöte nur durch Liebe beseitigt werden können.

Gottes Sohn wurde Mensch. Er zog über die Straßen unserer Welt zur größten Demonstration der Liebe, die das Universum je gesehen hat. Damit macht Gott für immer und für alle Menschen klar, daß Liebe nicht nur darin besteht zu reden, sondern zu handeln.

LIEBE
ist aktiv.
Sie fragt und prüft nicht, ob der andere liebens-
würdig ist oder nicht. Sie wendet sich dem anderen
zu, weil sie selber auf Zuwendung angewiesen ist.

8
LIEBEN HEISST VERTRAUEN

*„Wer mich liebt,
der wird sich nach meinem Wort richten."*

In einem seiner Bücher* erzählt J. Bishop ein Erlebnis, das ihm 1937 in Madras/Indien berichtet wurde: „Canon Goldsmith war ein sehr beliebter Missionar der anglikanischen Kirche. Eines Tages vertraute er seinem indischen Diener eine Geldsumme an, um Einkäufe zu machen. Statt die Einkäufe zu erledigen, verschwand er mit dem Geld. Canon Goldsmith war sehr besorgt – um seinen Diener und um sein Geld. Tagelang suchte er nach dem Mann. Als er ihn schließlich fand, sagte er zu ihm: ‚Es tut mir wirklich leid, daß ich dir so wenig Lohn gezahlt habe für deine Arbeit, daß du so etwas tun mußtest. Komm zurück, arbeite wieder für mich, und ich werde dich besser bezahlen.'"

Vertrauen und Liebe – davon war dieser Mann völlig überwältigt. Er kam zurück und wurde nicht nur für Canon Goldsmith ein zuverlässiger Mitarbeiter, sondern sein Freund und Bruder fürs ganze Leben.

---

* James Bishop: „The Spirit of Christ in Human Relationship"

Normalerweise hätten wir diesen Diener abgeschrieben. Sehr wahrscheinlich hätten wir ihn außerdem angezeigt. Und wir hätten es als recht und billig erachtet, wenn der Mann bestraft worden wäre. Im Freundeskreis hätten wir bewegte Klage geführt, wie schwer es doch sei, vertrauenswürdiges Personal zu finden.

Was Canon Goldsmith tat, entspricht nicht dem Verhalten eines normalen Menschen. Stimmt! Seine Handlungsweise war übermenschlich. Denn wir sind nun einmal so, daß wir alle Leute bestraft sehen wollen, die uns etwas antun. Ihnen eine zweite Chance zu geben, zu zeigen, daß wir ihnen trotz gegenteiliger Erfahrung noch einmal vertrauen wollen – dieser Gedanke ist uns im allgemeinen fremd. So sind wir Menschen nun einmal.

Wir müssen also zugeben, daß allgemeine Menschlichkeit das Verhalten von Canon Goldsmith nicht erklären kann. Hier war offensichtlich eine andere Kraft am Wirken, die ihn zum Handeln veranlaßte. Es ist schon so: Es ist die Liebe Gottes in uns, die uns dazu bringen kann, Enttäuschungen mit Vertrauen zu beantworten, selbst auf das Risiko hin, wieder enttäuscht zu werden.

Keiner hat in zwischenmenschliche Beziehungen größeres Vertrauen investiert als Jesus Christus, und keinem wurde sein Vertrauen schlechter gelohnt als ihm. Das konnte ihn nicht dazu veranlassen, Menschen sein Vertrauen zu entziehen. Sein Leben zeigt, daß es viel besser ist, zu vertrauen und enttäuscht zu werden, als uns selbst um den Reichtum zwischenmenschlicher Beziehungen zu betrügen, wenn wir überhaupt nicht vertrauen wollen.

Jesus vertraute Simon; einem leicht erregbaren, vorschnellen Typen, der zudem oft ein Angeber war. Jesus vertraute auch dem gerissenen, betrügerischen Zöllner Zachäus. Und er vertraute Maria Magdalena, die eine Prostituierte war. Dieses Vertrauen machte aus ihnen andere Menschen. Vertrauen war für sie der Schlüssel zu einem erfüllten Leben.

Jesus kannte das Risiko des Vertrauens, er nahm es bewußt in Kauf. Daß und wie er vertraute, machte ihn verwundbar. Er vertraute einem Judas, obwohl er wußte, daß der ihn verraten würde. Diesem Judas gab er nicht nur Geld in die Hand, er vertraute ihm seinen guten Ruf an, sogar sein Leben. An allen Fronten verriet Judas das Vertrauen, das in ihn gesetzt worden war. Und obwohl Jesus wußte, daß genau das eintreffen würde, vertraute er ihm.

Bevor wir uns über Judas und über andere entrüsten, wollen wir uns schnell eingestehen, daß wir das in uns gesetzte Vertrauen oft enttäuscht haben. Unsere Rettung liegt darin, daß einer da ist, der uns das Vertrauen nicht entzieht, obwohl wir es nicht verdient haben.

Echte Liebe besteht zu einem wesentlichen Teil aus Vertrauen. Liebe ohne Vertrauen gibt es nicht. Liebe ist Vertrauenssache; wer im Vertrauen zurückhaltend ist, der ist es auch in der Liebe. Liebe wirkt durch Vertrauen. Im Vertrauen zeigen wir unseren Mitmenschen, was sie uns wert sind. Ohne Vertrauen ist man unfähig, für einen anderen etwas zu tun.

Durch das Evangelium läßt Gott jedem Menschen mitteilen, daß er einen hohen Wert besitzt. Gott schätzt diesen Wert so hoch ein, daß er seinen Sohn auch für nur *einen* Menschen hergegeben hätte.

Wie stumpf und gefühllos können wir, im Gegensatz dazu, sein! Wir trampeln auf den Empfindungen anderer Menschen herum und gehen über sie hinweg, als ob sie gar nicht da wären. Eigentlich müßten wir aus eigener Erfahrung wissen, wie leicht man entmutigt sein kann, wie sehr wir auf Mitgefühl und Verständnis angewiesen sind. Da macht sich jemand viel Gedanken, um mir einen Vorschlag zu machen, eine Idee vorzutragen. Ich ahne ja nicht, was ihm das bedeutet und wieviel Überwindung es ihn gekostet hat, sich mir anzuvertrauen. Und ich, überheblich und ohne lange darüber nachzudenken, lege die Sache zu den Akten. Wir denken einfach zu wenig oder überhaupt nicht darüber nach, wie schändlich es ist, die Träume eines Menschen zu zerstören. Wir bringen das mühelos fertig. Wir kritisieren und verletzen unsere Mitmenschen, die wie wir nach dem Bilde Gottes geschaffen sind. Wie oft rauben wir ihnen alle Freude am Leben?

Es stimmt, vieles geschieht aus Gedankenlosigkeit. Viel liegt jedoch auch daran, daß wir uns von unserem hohen Roß nicht herunterbequemen wollen. Freundlich, aufgeschlossen und vertrauensvoll auf den anderen zuzugehen – das erachten wir oft als unter unserer Würde. Begreifen wir doch, daß jeder Mensch unser Bestes verdient. Warum? Weil Gott selbst jedem sein Bestes anbietet. Ohne Ausnahme. Für Gott hat jeder Mensch einen eigenen, unschätzbar hohen Wert.

„Warum liebt Gott uns Menschen so sehr?" fragte eine Religionslehrerin eines Tages ihre Erstkläßler. Pause. Alle dachten nach. Dann meinte ein kleines Mädchen: „Weil er nur einen von jedem von uns hat."

Noch einmal: Ganz sicher hätte Gott seinen Sohn auch für nur einen einzigen Menschen dahingegeben! Dieser Gedanke läßt uns etwas ahnen von dem Wert, den Gott jedem von uns beimißt.

Ist ein Mensch wirklich so viel wert? Wird menschliches Leben auf unserer Welt nicht sehr billig gehandelt? Der Wert eines Menschen orientiert sich am Preis, der dafür gezahlt wurde. Das Neue Testament berichtet, was Jesus Christus in vielen Stunden der Angst, in übermenschlicher Qual für jeden von uns durchmachte. Alles setzte er aufs Spiel für uns, sogar das vertraute Verhältnis zu seinem Vater im Himmel. Als unser Erlöser hing er sterbend am Kreuz und schrie in seiner Verzweiflung: „Mein Gott, mein Gott, warum hast du mich verlassen?" (Markus 15,34.) Dämmert es uns, wie hoch Jesus Christus den Wert eines Menschen einstufte?

Nicht anders in unseren zwischenmenschlichen Beziehungen. Wer einem anderen zeigen will, wieviel er ihm wert ist, muß ihm vertrauen. Vertrauen kann für ihn mehr bedeuten als alles andere. Nichts ehrt einen Menschen mehr als das unerschütterliche Vertrauen, das wir ihm entgegenbringen.

Oft können wir nur hoffen, daß unser Vertrauen nicht enttäuscht wird. Wer sich selbst und andere kennt, der weiß, daß wir alle viele Fehler machen. Vertrauen wir dennoch, so bringen wir damit unsere Zuversicht zum Ausdruck, daß der andere zu Großem fähig ist. Unser Vertrauen kann einen Menschen anregen und veranlassen, über sich selbst hinauszuwachsen.

Ein Psychologe sagte einmal: „Wir sind nicht nur unseres Bruders Hüter; in vielerlei Hinsicht, durch große und kleine Gesten, sind wir auch unseres Bruders ‚Gestalter‘. Vertrauen ist das Mittel, das Gott uns in die Hand gibt, um Menschen zu seinem Abbild werden zu lassen. Wir können Menschen durch unsere Einstellung und Wertschätzung besser oder schlechter machen." Erinnern wir uns, was aus dem Dieb wurde, als man ihm vertraute. R. W. Emerson schrieb einmal: „Vertraue den Menschen, und sie werden dir vertrauen. Behandle sie großmütig, und sie werden sich als großmütig erweisen."

Jeder Mensch hat bestimmte Eigenschaften und Fähigkeiten, Wesensmerkmale und Persönlichkeitsstrukturen, die durch Ermutigung und Vertrauen weiterentwickelt werden können. Jesus Christus suchte immer das Beste in jedem Menschen. Er ließ sich durch Schwachheiten nicht entmutigen, sondern versuchte, die guten Seiten sichtbar werden zu lassen. So zeigte er uns seine Liebe.

Liebe vertraut immer und unterlegt den Handlungen anderer stets positive Motive. Diese Liebe, von der ich spreche, sagte der Apostel Paulus, sucht nach einem Weg, der fördert und aufbaut (1. Korinther 13.).

Lawrence von Arabien war bekannt für seine guten Beziehungen zu den Arabern. Kaum jemand war dazu wie er in der Lage. Eines Tages fragte man ihn nach dem Geheimnis. Seine Antwort: „Ich versuche jeden Araber wie einen Engländer zu behandeln."

Suchen wir doch das Gute in anderen Menschen. Erwarten wir es von ihnen. Behandeln wir sie so, als ob sie für uns einen hohen Wert besäßen. Da liegt der Schlüssel zu ihrem Vertrauen. Nicht um sie zu manipulieren, sondern damit wir einander gegenseitig weitergeben, was Gott uns geschenkt hat. Leider ist es für uns typisch, daß uns die negativen Seiten an einem Menschen schneller auffallen als seine guten.

Jesus Christus sprach über diese Zusammenhänge im Gleichnis vom verlorenen Sohn. Als der Vater, überglücklich über dessen Rückkehr, ein großes Fest veranstaltete, wollte der ältere Sohn damit nichts zu tun haben. „Da wurde er zornig und wollte nicht hineingehen." (Lukas 15,28.) Damit brachte er seinem Vater gegenüber zum Ausdruck: An deiner Stelle hätte ich dieses ganze Theater abgelehnt. Er war darüber so ungehalten, daß er den Bruder nicht als Bruder bezeichnete. Im Gespräch mit dem Vater nennt er ihn „deinen Sohn".

Mißtrauen, scheinbar gerechtfertigt durch eine schlechte Erfahrung. Auch den Vater will der ältere Sohn zum Mißtrauen überzeugen: Der andere tauge nichts als Bruder; er versuche doch nur, aus dem Wohlstand und der Sicherheit der Familie Nutzen zu ziehen. Ein Narr von einem Vater, der sich reinlegen ließe und einen „Verlorenen" aufnehme, dem man doch nie mehr über den Weg trauen könne.

Der Vater vertraut dennoch seinem jüngeren Sohn. Trotz der unbeschreiblichen Fehler, die der junge Mann gemacht hatte; trotz der Enttäuschungen, die der Vater seinetwegen durchlitten hatte. Für diesen Vater zählte nur eins: Sein eigener Sohn, der verloren schien, war wieder aufgetaucht. Er kleidete ihn neu ein und lud alle Nachbarn und Bekannten zu einem Freudenfest ein. Weit davon entfernt, sich seines Sohnes zu schämen, im Gegenteil: Er ehrte seinen Jungen, weil der ihm mehr wert war als alles Vermögen, das er leichtsinnig durchgebracht hatte.

Gott will, daß wir einander vertrauen. Auch denen, die unser Vertrauen scheinbar nicht verdienen. Seien wir ehrlich zu uns: Wie oft haben wir selbst das Vertrauen anderer Menschen und erst recht das Vertrauen enttäuscht, das Gott in uns setzte? Wer sich selbst kennt, wird anderen gegenüber großmütig.

Es gibt für uns keine größere seelische Katastrophe, als wenn man uns das Vertrauen entzieht. Ein echter Christ versucht, sich selbst und die anderen mit den Augen Gottes zu sehen. Das wird ihm helfen, in seinen Mitmenschen Schwestern und Brüder zu erkennen, die sein Vertrauen genauso benötigen wie er das ihre.

LIEBE

riskiert etwas.
Gegen alle Erfahrung, ja gegen jede Vernunft.
Das Risiko, das die Liebe eingeht, heißt Vertrauen.

9
ZUR LIEBE BEFREIT

*„Wenn euch der Sohn Gottes frei macht,
dann seid ihr wirklich und wahrhaftig frei."*

Der Schöpfer hat uns Menschen dazu geschaffen, in das Leben anderer Menschen Licht und Wärme zu bringen. Daran sind wir gehindert, weil wir Gefangene sind unserer eigenen Selbstsucht, gefesselt von Angst und dem Zwang, uns anzupassen.

Echte Freiheit bedeutet, in den verschiedensten Lebenslagen vom Einfluß und von den Meinungen anderer Leute unabhängig zu sein. Nur wer in diesem Sinne frei ist von anderen, ist befreit zur Liebe für andere. Ein Christ kann ein Experte der Liebe sein, weil ein Christ auch sich selbst lieben und annehmen kann.

Die Liebesfähigkeit, mit der Gott uns ausstattet, übersteigt unsere menschlichen Möglichkeiten. Einen Teil der Triebkraft, die mich für andere in Bewegung setzt, beziehe ich aus einer tiefen Liebe für mich selbst. Erinnern wir uns daran, daß Jesus dazu auffordert, „seinen Nächsten zu lieben wie sich selbst". Völlig unbefangen spricht Jesus über eine Seite der Liebe, der wir zunächst sehr zurückhaltend gegenüberstehen.

Als Mitschöpfer weiß Jesus Christus besser als jeder Psychologe, wie sehr wir innere Sicherheit brauchen. Man kann nicht Gottes Liebe in diese Welt tragen, ohne den festen Grund der inneren Sicherheit im eigenen Leben. Zum Teil hängt das davon ab, ob ich fähig bin, mich selbst zu lieben und anzunehmen.

Jesus weiß auch, daß unsichere Leute weder über die Willenskraft noch über starke Gefühle verfügen, die man braucht, um richtig lieben zu können. Wir sind einfach nicht in der Lage, andere Menschen zu erreichen, Kontakte mit ihnen zu knüpfen, für sie dazusein – wenn wir innerlich aufgefressen werden von Angst, Schuld und Enttäuschung.

Selbstannahme, innere Freiheit und Sicherheit sind lebensnotwendig, um andere lieben zu können. Wer seiner selbst unsicher ist, wer sich nicht annehmen kann oder sich gar ablehnt, ist zur Liebe unfähig.

Für Jesus ist die Selbstannahme so wichtig, daß er sie als unerläßlich für unser richtiges Verhältnis zu Gott voraussetzt. Christen sollen ihren Mitmenschen auf der Basis der Selbstannahme begegnen. So gesehen ist es geradezu als ein Gebot zu verstehen, sich selbst zu lieben, sich anzunehmen. Damit zurechtzukommen, fällt vielen Christen schwer. Ein echter Christ, so meinen wir, fragt nicht nach eigenen Bedürfnissen; und er hat schon gar nicht das Recht, sich selber zu lieben. Allein die Vorstellung davon erweckt in vielen Schuldgefühle. Darum ist es so wichtig, nach allem bisher Gesagten auch über die lebensnotwendige positive Kraft der Selbstannahme zu sprechen. Wo sie uns fehlt, sind wir in unserer Fähigkeit, Gottes Liebe anderen zu vermitteln, stark behindert.

Selbstannahme erinnert mich an meine Würde als Mensch. Sie bewahrt mich vor Isolierung. Selbstannahme läßt mich erkennen, daß das Leben sich lohnt. Selbstannahme gibt mir die Kraft, auch andere anzunehmen. Sie schenkt mir ein Empfinden echter Mitmenschlichkeit, die mehr ist als unverbindliche, distanzierte Humanität. Sich selbst zu lieben und anzunehmen – das war für Jesus Christus eine so natürliche und selbstverständliche Sache, daß er sich gar nicht die Mühe machte, viele Worte darüber zu verlieren. Er lebte sie einfach vor und lädt dazu ein, ihm auch darin nachzufolgen.

Wenn ein Christ Experte der Liebe sein soll, dann führt der Weg dahin über die Selbstannahme. Und so wie der Mensch nicht von sich aus über Liebesfähigkeit verfügt, muß er sich auch die Fähigkeit zur Selbstannahme von Gott schenken lassen. Liebe für andere hat man ebenso wenig von sich aus wie die Liebe und Annahme sich selbst gegenüber.

Vielleicht haben es Nicht-Christen mit dieser Sache etwas leichter. Jeder vernünftige Mensch, der vielleicht noch einige psychologische Kenntnisse mitbringt, kann feststellen: Fehlende Selbstannahme führt in vielen Fällen zu seelisch-geistigen Erkrankungen.

„Hätten unsere Patienten eine gesunde Liebe für sich selbst, könnten sie sich selbst annehmen, anstatt ständig die Last ihrer Selbstverachtung mit sich herumzuschleppen, wäre die Anzahl der psychiatrischen Fälle bestimmt nur halb so groß", sagte ein Psychiater in einer New Yorker Klinik. Ein wesentlicher Teil des Evangeliums – leider der Teil, den wir Christen so häufig unterschlagen – verkündigt uns die gute Nachricht, daß Gott uns zur

Selbstannahme aufruft. Dieses Geschenk, das Gott uns in der Selbstannahme anbietet, besitzt einen unbeschreiblichen Wert für jeden, der sich aufgrund seiner Schuld und Unsicherheit geringschätzt und der wegen seiner Schuld und Selbstmißachtung unsicher wird.

Nie war dieses Geschenk so wertvoll wie heute. Jesus Christus spricht von einer „leichten Last", wenn er über die Nachfolge spricht. Bestimmt denkt er dabei vor allem an die Menschen, die über die scheinbare Wertlosigkeit ihres Lebens verzweifelt sind.

Sie sind verzweifelt über ihre Eigenart und über die nicht erreichten Ziele; über das, was sie machen wollten und wozu sie nicht in der Lage waren. Viele sind auch frustriert, weil sie gern lieben wollen, sich aber einem anderen Menschen nicht mitteilen können. Warum nicht? Weil ihnen das sichere Fundament der Selbstannahme fehlt, von dem aus sie sich anderen zuwenden könnten. Sie wünschen sich neue Dimensionen der Liebe, aber sie erreichen diese Stufe nie, weil sie es nicht fertigbringen, sich selbst anzunehmen.

Viele Menschen, die gern für andere dasein wollen, fühlen sich äußerst unbehaglich, wenn von Selbstliebe und Selbstannahme die Rede ist. Man spricht darüber nur hinter der vorgehaltenen Hand, verbunden mit tausend Entschuldigungen. In unserem bisherigen Verständnis sind viele Barrieren zu überwinden, bevor wir unbefangen über Selbstliebe und Selbstannahme sprechen können.

Dennoch müssen wir uns über eines im klaren sein: Wer das Gebot Gottes der Selbstannahme verschweigt, enthält dem Menschen etwas vor, das er unbedingt braucht, um auch andere lieben zu können. Es gibt viele Menschen, denen nur noch die Fähigkeit zur Selbstannahme fehlt, um unvorstellbar Großes für ihre Mitmenschen und für ihre Umwelt bewirken zu können. Für viele ist Selbstannahme das, was sie am dringendsten brauchen.

Aber muß man denn Christ sein, um zu begreifen, wie wichtig es ist, sich selbst anzunehmen? Keineswegs, auch Nicht-Christen wissen das. Trotzdem, Christen sind sich darüber hinaus im klaren, daß sie von sich aus weder andere lieben noch sich selbst annehmen oder gar erlösen können.

Jesus Christus sagte einmal voraus, daß sich die Welt über seine Nachfolger noch wundern werde. Warum? Es gebe, so sagte Jesus, ein untrügliches Markenzeichen, an dem echtes Christsein erkannt werden kann: Liebe. Echte Christen können lieben, weil sie zur Selbstannahme befreit wurden; weil sie trotz ihrer Fehler und Schwächen ja sagen können zu sich selbst, finden sie die Kraft, andere Menschen in das Kraftfeld der Liebe Gottes zu führen. Wer die Gabe der Selbstannahme nicht kennt, wird nie ein überzeugender Christ sein. Denn die Welt läßt sich weder durch hohe moralische Ansprüche noch durch richtige Lehrsätze gewinnen, sondern allein durch Liebe.

Wenn ein Mensch anfängt, Gottes bedingungslose Liebe für sich zu verstehen, dann kann er auch ja sagen zu sich selbst, denn Gott nimmt einen Menschen an, so wie er ist – ohne Vorbehalt und in unerschütterlichem Vertrauen. Wer das erlebt, kann auch sich selbst annehmen. Golgatha ist das Zeichen der Annahme Gottes.

Es ist ja kaum zu begreifen, daß Gott einen Menschen so sehr liebt, daß er ihn annimmt, wie er ist. Wem das widerfährt, der fängt an, sich selbst in ganz neuem Licht zu sehen. Er bekommt ein neues Selbstwertgefühl, nicht aufgrund vorhandener oder eingebildeter Qualitäten, sondern weil Gott ihn für so wertvoll ansieht.

In der Geschichte der Menschheit wurde oft gefragt, welchen Wert der Mensch eigentlich habe. Diese Frage wurde beantwortet durch den Tod, den Jesus Christus am Kreuz erlitten hat. Je mehr wir die Größe dieses Opfers begreifen, um so sicherer stehen wir auf der Grundlage einer gesunden Selbstannahme.

Mit anderen Worten: Ich kann mich selbst lieben und annehmen, weil Jesus Christus mich liebt. Wer bin ich denn, einen Menschen, und eben auch mich selbst, geringzuschätzen, den Gott so sehr liebt, daß er seinen einzigen Sohn für ihn gab? Diese Erkenntnis macht mich frei zur Liebe und zur Selbstannahme. Ich kann mich bejahen, obwohl ich weiß, daß ich viele Fehler habe. Auch wegen meiner Schuld brauche ich mich nicht zu verachten. Ich muß mich nicht ablehnen. Gott lehnt mich nicht ab – warum sollte ich? Er allein hätte das Recht dazu, mich zu verachten. Er tut es nicht.

Das heißt nicht, daß Gott großzügig über meine Schuld und über meine Verkehrtheiten hinwegsieht; dennoch nimmt er mich an, trotz allem, was ihm an mir nicht gefällt.

Und noch eins: Gott vergibt mir meine Schuld, worin immer sie bestehen mag. Wenn Gott vergibt, habe ich kein Recht, mir selbst nicht zu vergeben. Damit würde ich Gott entschieden widersprechen.

Manche Menschen werden geisteskrank, weil sie mit einer Sache nicht fertigwerden, weil sie sich nicht vergeben können. Schuldgefühle vernichten an jedem Tag unzählige Menschen – physisch, seelisch und geistig. Es gibt so viele entmutigte, gescheiterte Menschen, die sich selber nicht ausstehen können. Sie meinen, sich selbst ablehnen zu müssen, um sich so auch von ihrer Schuld zu distanzieren. Das Leben wird zur Hölle, wenn man sich selber nicht vergeben kann.

Das muß nicht sein! Gott befreit uns von dieser Last. Er vergibt. Und wenn Gott vergibt, dann vergibt er wirklich. Uns bleibt nur eines: uns anzunehmen als einen Menschen, dem vergeben wurde, der geliebt wird. Den Preis dafür hat Jesus Christus am Kreuz gezahlt. Nun bietet er jedem Menschen an, diese freie Gabe im Vertrauen anzunehmen.

„Wie viele ihn aber aufnahmen, denen gab er Macht, Gottes Kinder zu werden, die an seinen Namen glauben." (Johannes 1,12.)

Die wichtigste Voraussetzung zur Selbstannahme besteht darin, mit Gott ins reine zu kommen. „Wenn euch nun der Sohn frei macht, so seid ihr recht frei." (Johannes 8,36, Luther.) Weil Gott mir vergeben hat, bin ich jetzt frei, mich selbst zu lieben. Und so werde ich auch frei zur Liebe anderen gegenüber.

Zur Liebe befreit! Wem Gott vergeben hat, der hat es nicht mehr nötig, auf andere Leute Eindruck machen zu wollen. Er kann sich ganz darauf konzentrieren, sie zu lieben. Er muß nicht mehr um ihre Zuneigung betteln. Er braucht sich auch keine Sorge zu machen, ob er bei anderen ankommt oder wie man ihn beurteilt. Auf menschliche Rückversicherungen ist er nicht mehr angewiesen. Er ist befreit worden aus den Netzen der Abhängigkeit und Unsicherheit. Jetzt kann er wirklich dasein für andere.

Wer das Geschenk der Selbstannahme nicht versteht oder zurückweist, bleibt ein einsamer Mensch. Er meint, mühsam zusammenhalten zu müssen, was Gott ihm gegeben hat, um es mit vollen Händen auszuteilen. Ängstlich meidet er Begegnungen mit anderen Menschen. Er zieht sich in sich selbst zurück. Er zögert, Verbindungen einzugehen, aus Furcht, abgelehnt zu werden. Ablehnung ist besonders schmerzlich für den, dessen Selbstannahme unterentwickelt ist. Viele Menschen sind doch so ängstlich, mit anderen zu sprechen, und darum fällt es ihnen so schwer, anderen zu vertrauen. Aus der Angst heraus, enttäuscht, abgelehnt und bloßgestellt zu werden.

Jesus Christus liebt dich – das zu wissen, gibt Sicherheit. Man hat es dann nicht mehr nötig, sich vor Menschen ängstlich zu verstecken. Man braucht auch nicht mehr seine ganzen Energien darauf zu verschwenden, die eigenen Fehler zu verdecken und etwas vorzutäuschen, was gar nicht da ist. Anstatt um den guten Ruf besorgt zu sein, ist man frei, sich zu geben, wie man ist. Ohne jede entstellende Maske und ohne viele entschuldigende Erklärungen.

Ohne meinen nichtchristlichen Lesern zu nahe zu treten, aber von diesem Gefühl der Befreiung und der Freiheit kann der Nicht-Christ nur träumen. Obwohl oft das Gegenteil behauptet wird. In unzähligen Fällen haben wir erfahren, daß Angst und Unsicherheit letztlich nur durch Jesus Christus überwunden werden können. Der

Nicht-Christ mag durchaus davon überzeugt sein, daß er frei und unabhängig sei. Er ist es in Wirklichkeit nicht. So überheblich es klingen mag: Nur Jesus Christus befreit mich dazu, ich selbst sein zu können – denn er hat mich erschaffen. Ohne ihn ist ein Mensch nicht frei und wird es nie sein können.

Man muß diese Befreiung einfach erlebt haben, um zu wissen, was sie bedeutet: Der allmächtige Gott, Schöpfer Himmels und der Erde, liebt mich. Er hat mich angenommen, wie ich bin. Darum darf ich mit Recht erwarten, daß mich meine Umwelt, die meine menschlichen Unvollkommenheiten mit mir teilt, nicht ablehnen wird. Wer Gott gehört, ist nicht mehr von Menschen abhängig. Er kann aufhören damit, sich ständig zu rechtfertigen oder zu verteidigen.

„Ist Gott für uns, wer ist dann gegen uns?" (Römer 8,31.) Es gibt für Christen keinen Grund, jemanden zu fürchten oder sich herabgesetzt zu fühlen. Mehr noch: Christen sind zur Liebe befreit. „Furcht ist nicht in der Liebe, sondern die völlige Liebe treibt die Furcht aus." (1. Johannes 4,18, Luther.)

Unsere Welt leidet an der Krankheit Lieblosigkeit. Der Mensch ist heute schnell bereit, Gott dafür verantwortlich machen zu wollen, daß es so wenig Liebe gibt. Seine Schuld ist das nicht. Gott ist Liebe. Es war seine Absicht, diesen Planeten zu einer Welt der Liebe zu machen. Lieblosigkeit ist dein und mein Problem; denn wir machen von der Liebe Gottes keinen Gebrauch und sind auch nicht bereit, sie an andere weiterzugeben. Wir können es ruhig zugeben: Oft ist es unsere Angst vor Menschen, die uns davon abhält, sie so zu lieben, wie Jesus

Christus uns liebt. Wer von Gott angenommen ist, braucht sich nicht mehr vor Menschen zu fürchten.

Fassen wir es noch einmal zusammen: Wer an sich selbst immer nur die negativen Seiten sieht, dem fällt es schwer, gute Beziehungen zu anderen Menschen zu haben. Aber eben darum geht es. Der Weg zu Jesus Christus führt weitgehend über gute zwischenmenschliche Beziehungen. Indem sich Menschen gegenseitig annehmen und verstehen lernen, werden sie fähig, Gottes Liebe und Wahrheit besser zu erkennen.

Großes bietet Gott uns an: Sicherheit für die Unsicheren; Furchtlosigkeit statt Angst; Kraft, die stärker ist als wir selbst. Damit ausgestattet, wird es uns nicht mehr gleich umwerfen, wenn andere etwas über uns denken, sagen oder uns antun, was uns nicht gefällt.

Zur Liebe befreit – das gibt Sicherheit. Gott stattet uns mit dieser Sicherheit aus. Er rechtfertigt uns, weil wir ihm vertrauen. Nichts und niemand kann uns umwerfen. Wir sind zur Liebe befreit. Niemand ist ein freierer Mensch als der, der gelernt hat, zu lieben.

Eugenia Price, eine bekannte Schriftstellerin, beschrieb einmal den Einfluß, den eine Freundin auf ihr Leben hatte – eine Freundin, die sich selbst annehmen konnte und die aus der Sicherheit ihres Gottvertrauens lebte: „Ich hatte das einzigartige Glück, eine ältere Freundin zu haben. Sie half mir, frei zu werden durch ihre Liebe. Ihre Liebe war mir nicht nur eine beständige Hilfe; durch sie lernte ich, der Liebe Gottes zu vertrauen. Diese Frau kann durch nichts erschüttert werden. Sie läßt sich nicht von Vorurteilen den Blick trüben; sie hat viel Humor, und vor allem – sie liebt mich. Darüber besteht für mich nicht der geringste Zweifel. Vor allem weiß ich, daß sie mich niemals wegen irgend etwas verurteilen würde. Ihre Liebe gab mir Auftrieb, Hoffnung und Vertrauen. Und durch Liebe forderte sie mich heraus, die Freiheit in Gott zu suchen, um ihn immer besser kennenzulernen." Diese Frau hatte das Glück, einen Menschen zu haben, der ihr half, Gott zu finden. Darin besteht der eigentliche Sinn unseres Lebens. Gott braucht Menschen, die es dieser Frau gleichtun; denn Gott weiß, daß viele Menschen wie verlorene Kinder durch die Welt laufen. Sie alle sind darauf angewiesen, daß sich einer ihnen zuwendet und sie erfahren, was Liebe heißt.

Gott wartet darauf, daß wir endlich anfangen, unseren Nächsten zu lieben wie uns selbst. Und daß wir auch darin einen Anfang machen, uns selbst zu lieben und uns zu bejahen, weil Gott uns angenommen hat.

LIEBE

läßt mich sein, der ich bin.
Nicht, wie ich bin.
Liebe läßt mich Ja sagen zu mir selbst; nicht, weil ich gut bin. Sondern weil ich von Gott angenommen bin, der mir vergibt.

10
VOM WAGNIS DER LIEBE

*„Weh euch,
wenn euch die Leute nur loben."*

Wenn im Leben alles glattgeht, wenn die zwischenmenschlichen Beziehungen relativ problemfrei sind, wenn es niemanden gibt, der mir Schwierigkeiten macht – dann könnte es sein, daß ich mit dem Christsein noch nicht ernst gemacht habe.

Manche Leute bilden sich etwas darauf ein, daß zwischen ihnen und den anderen ungetrübte Harmonie besteht. Sie betrachten das als Beweis für ihre eigenen menschlichen Qualitäten. Es ist ja auch wichtig, von vielen Seiten Zustimmung und Zuneigung zu erfahren. Für viele ist ein Christ ein Mensch, der überall beliebt ist.

Die Bibel rückt auch diese irrige Vorstellung zurecht. Wer nur darauf aus ist, möglichst viele Freunde und großen Einfluß zu gewinnen, muß Zugeständnisse machen. Darum schätzt die Bibel etwas anderes höher ein als Freundschaften mit Menschen: Die Frage nach dem Willen Gottes. Was Gott will, steht für den Christen an erster Stelle.

Jesus meinte einmal, es sei geradezu seine Speise – also

das, wovon er lebt –, den Willen seines Vaters zu tun, der ihn in diese Welt gesandt hatte. Der Wille Gottes hatte in allem, was Jesus sagte und tat, Vorrang. Dafür lebte er. Und natürlich wußte Jesus, daß er damit häufig in Widerspruch geraten würde zu den Erwartungen, die andere an ihn stellten. Bei seinen Nachfolgern ließ er manche Illusionen gar nicht erst aufkommen. Er machte ihnen klar, daß jeder, für den der Wille Gottes wirklich zählt, sich auf Schwierigkeiten einstellen müsse. Ohne Pathos und ohne schlechtes Gewissen sagte er: „Ich bin nicht gekommen, Frieden zu bringen, sondern das Schwert. Denn ich bin gekommen, den Menschen zu erregen gegen seinen Vater und die Tochter gegen die Mutter ... Und des Menschen Feinde werden seine eigenen Hausgenossen sein". (Matthäus 10, 34–36, Luther.)

Eine unangenehme Rede. Oft wollte man diesen Worten ihre Brisanz nehmen, indem man sie symbolisch deutete. Man beschönigte das Ganze mit beruhigenden Anmerkungen. Kein Mensch liebt es, ständig mit anderen über Kreuz zu liegen. Niemand will von der eigenen Familie abgelehnt werden. Wer sich nur ab und zu in der Kirche sehen läßt, hat keine Vorstellung von einem Christentum, aus dem sich derart traumatische Erlebnisse ergeben können.

Wahrscheinlich sind die Bücher kaum zu zählen, in denen man die Verheißungen Gottes zusammengefaßt hat. Viele trostreiche Predigten sind gehalten worden über die großartigen und beruhigenden Zusagen, die wir von Jesus Christus kennen. Es ist schon eigenartig, daß man darüber andere Vorhersagen fast vergessen hat, in denen Jesus Christus betont: Ihm nachzufolgen, das läuft mit Sicherheit und beinahe automatisch darauf hinaus, mit anderen Menschen Schwierigkeiten zu bekommen.

Wer meint, daß er im allgemeinen gut behandelt, geschätzt und anerkannt wird, weil er Christ ist und weil er nach Gottes Willen leben will, der irrt sich.

Ein Schriftsteller brachte die von Jesus für seine Nachfolger vorhergesagte Situation einmal auf einen kurzen Nenner. Er sagte: „Ein Christ fürchtet sich vor niemandem, er ist wirklich glücklich und ständig in Schwierigkeiten."

Wenn einer Gutes tat, dann war es Jesus selbst. In seiner freundlichen und liebevollen Anteilnahme allen Menschen gegenüber war er nicht zu übertreffen. Und trotzdem war er in mehr Schwierigkeiten und Konflikte verwickelt als irgendeiner vor oder nach ihm. Jesus, der als Fürst des Friedens gekommen war, stand ständig im Mittelpunkt der Auseinandersetzungen.

Schon sehr früh trug ihm die Frage nach dem Willen Gottes Meinungsverschiedenheiten mit seinen eigenen Eltern ein. Erinnern wir uns an den Vorfall, wie er als Zwölfjähriger einfach in Jerusalem blieb, als seine Eltern mit ihrer Reisegruppe nach Nazareth zurückkehrten. Der Konflikt zwischen dem Willen Gottes und der Liebe zu seinen Eltern war für ihn, der ein sehr feinfühliger Mensch war, bestimmt nicht leicht.

Niemand vor ihm und nach ihm ist so mißverstanden worden wie Jesus Christus. Keinem wurden seine besten Absichten so mißdeutet wie ihm. Die Ablehnung gipfelte in der Mißhandlung und Tötung.

Es erscheint mir als widersinnig, daß mein Festhalten an der Liebe andere veranlassen könnte, mir auszuweichen, mich zu verachten, ja zu hassen. Aber genau dieser Widersinn ist in unserer Welt an der Tagesordnung. Jesus hat das erlebt, und wir sollen es richtig verstehen lernen, je eher desto besser: Wer versucht, in dieser Welt Gottes Liebe zu leben, dem werden ähnliche Erfahrungen nicht erspart bleiben.

„Wenn die Welt euch haßt, dann wißt, daß sie mich schon vor euch gehaßt hat ... Denkt an das Wort, das ich euch gesagt habe: Der Sklave ist nicht größer als sein Herr. Wenn sie mich verfolgt haben, werden sie euch auch verfolgen." (Johannes 15,18.20.) Liebe fällt nicht leicht. Liebe hat ihren Preis. Wer nicht bereit ist, ihn zu zahlen, der liebt nicht wirklich.

Die Bibel sagt: „Alle, die mit Gott leben wollen in Christus Jesus, müssen Verfolgung leiden."

Man muß dieses Wort so nehmen, wie es dasteht. Und wir begreifen, daß es der Wirklichkeit entspricht: Wenn jemand absolut auf keinen Widerstand stößt, dann könnte es sein, daß er auch als Christ immer sein Mäntelchen nach dem Winde hängt. Ein bequemes, ungestörtes Leben, ständig begleitet von der Zustimmung, der Wertschätzung und dem einhelligen Lob von allen Seiten – daran kann etwas nicht stimmen. Dies könnte vielmehr ein Zeichen dafür sein, daß man noch nicht den Mut gefunden hat, nach dem Prinzip der Liebe Gottes in vollem Umfang zu handeln.

Kein Wunder, daß Jesus sagt: „Selig seid ihr, so euch die Menschen hassen und euch ausstoßen und schelten euch." Und er fügt eine deutliche Warnung hinzu: „Weh euch, wenn euch jedermann wohlredet!" (Lukas 6,22.26, Luther.) Mangel an Widerstand ist ein sicheres Zeichen dafür, daß wir es nicht wagen, etwas Besonderes für Gott zu tun. Das gilt auch für die Christenheit insgesamt. Eine christliche Gemeinde kann allseits anerkannt sein und eine gute Presse haben. Es ist ja durchaus zu begrüßen, wenn auch Nicht-Christen etwas erfahren über die gediegene humanitäre Arbeit, die Christen in aller Welt tun. Das darf jedoch nie dazu veranlassen, uns selbstzufrieden auf unseren Lorbeeren auszuruhen. Echte Christen haben nie aufgehört, sich selbstkritisch zu prüfen, wenn sie von der Umwelt in den höchsten Tönen gelobt wurden.

Natürlich sind Christenverfolgungen weder wünschenswert noch sind sie in freiheitlich regierten Ländern denkbar. Das ist jedoch nicht überall so. In der westlichen Welt könnte es sein, daß sich die Christenheit so sehr den allgemeinen Maßstäben und Verhaltensnormen angepaßt hat, daß ihr von keiner Seite her Probleme entstehen. Am Anfang war das Christentum in der damaligen Welt alles andere als eine populäre anerkannte Religion. Dann kamen die großen Kompromisse. Viele Wahrheiten der Bibel ließ man leichtfertig fallen, weil man nirgends Anstoß erregen wollte. Es könnte sein, daß der christliche Glaube sehr schnell wieder durch das Feuer des Widerstandes hindurch muß, wenn die Gemeinde der Welt das Evangelium ohne Wenn und Aber verkündigen würde.

Es ist schon so: Der christliche Glaube trägt einen Zündstoff in sich, der von Zeit zu Zeit zu gewaltigen Entladungen geführt hat. Obwohl viele es nicht wahrhaben wollen – echtes Christentum ist eine radikale Sache.

Der christliche Glaube bringt die gängigen Wertvorstellungen eines Menschen völlig durcheinander. Dieser Glaube durchkreuzt so ziemlich alles – Interessen und Ziele, Hoffnungen und Träume, die eigenen Absichten und selbst die der eigenen Familie.

Christ wird man durch ein Treuegelöbnis gegenüber Gott; dagegen fühlt sich der normale Mensch dieser irdischen Welt verpflichtet. Im Leben eines Christen hat Christus das erste und das letzte Wort; ohne Christus lebt der Mensch für das eigene Ich, auch wenn er nach außen noch so moralisch hochstehend, human oder religiös erscheinen mag.

Ein Christ sieht die Welt durch eine andere Brille. Wer Jesus Christus nachfolgt, betrachtet sein Auto, seine Zeit, seinen Magen oder sein Haus nicht als Eigentum, über das er frei verfügen kann. Für einen Nicht-Christen klingt das unsinnig und lächerlich.

Ein echter Christ empfindet Mitleid für eine Welt, die ihrerseits Mitleid für Schwäche hält. Und will ein Christ ehrlich sein, dann muß er sich sagen lassen, daß damit noch nie einer sehr weit gekommen ist. Einen Christen stößt vieles ab, was heute ganz normal geworden ist. Wissenschaft und Vernunft wollen uns einreden, daß man sich auf moralische Sicherheiten oder auf Überzeugungen des Glaubens nicht verlassen könne; alles sei relativ. Ein Christ dagegen hält daran fest, daß das biblische Konzept von Wahrheit und Irrtum, von Licht und Finsternis, von Gerechtigkeit und Schuld, unumstößlich ist.

Deshalb ist für einen Christen „Sünde" kein überholter Begriff, im Gegenteil: Für ihn ist Sünde auch heute noch das Problem Nummer 1. Darum kann ein Christ auf die Anerkennung von seiten der Welt, wenn es sein muß, sogar auf sein eigenes Leben, verzichten. Wenn er nur noch die Wahl hat zwischen seiner wirklichen Überzeugung und einem faulen Kompromiß. Für ihn spielt nur das eine Rolle, was Gott von ihm will, was Gottes Gebot von ihm erwartet.

Sturheit? Dickköpfigkeit? Rechthaberei? Einem Christen stellt sich nicht die Frage, ob er im Recht ist und andere nicht, sondern ob er für Gott etwas übrig hat oder nicht.

Die christlichen Märtyrer im römischen Weltreich starben weder für eine Wahrheit noch für eine Idee, weder für eine Theologie noch für eine Kirche; sie starben für Gott. Sie wagten es, ihr Leben zu lassen, weil sie es wagten, Gott kompromißlos zu lieben.

Wer Gott wirklich liebt, wirkt in dieser Welt leicht als Fremdkörper. Die Welt kreist ihn sehr schnell ein, wenn er an einer Liebe festhält, die in den Augen der Welt revolutionäre Sprengkraft besitzt.

Jeder, der gängige Auffassungen und Traditionen in Frage stellt, für den gibt es unweigerlich Schwierigkeiten.

„Gott führt mich nicht", schrieb Martin Luther einmal, „er stößt mich vorwärts. Er reißt mich weg, ich bin nicht mehr Herr meiner selbst. Wie sehr möchte ich in Ruhe leben, aber nun bin ich in Tumulte und Revolutionen mitten hineingeworfen."

Man bekommt Probleme, wenn man für Gottes Ehre eintritt und an der Wahrheit festhält, ohne nach den Konsequenzen zu fragen. So verhielt sich Jesus. Wer ständig nachgibt, Unrecht nicht mehr beim Namen nennt; wer sich zurückzieht, wo sein ganzer Einfluß gefragt wäre, um Recht gegen Unrecht zu verteidigen – der wird eine Menge Schwierigkeiten umgehen. Aber es ist ein hoher Preis, der dafür zu zahlen ist.

Nur durch gedankenlose Trägheit kann uns verborgen bleiben, daß in unserer Welt eine tiefgreifende geistige Auseinandersetzung geführt wird. Weil wir so sehr mit der Sicherung eines bequemen, komfortablen Lebensstils beschäftigt sind, nehmen wir nicht mehr wahr, daß Gut und Böse in ein dramatisches Ringen um die Weltherrschaft verwickelt sind. Christen müssen wieder begreifen lernen, daß sie sich dieser Auseinandersetzung nicht entziehen können. Die Entscheidung für Jesus Christus stellt sie mitten hinein ins Kampfgeschehen. Die Kräfte, die gegen Gott angetreten sind, werfen in diesem Kampf alles in die Waagschale. Dabei geben die Fronten, die ihnen einmal entgegenstanden, fast kampflos den Widerstand auf. Warum schläft die Christenheit?

So paradox es klingt: Man kann sich heute Christ nennen, ohne mit Jesus zu leben. Ohne Jesus Christus jedoch sind Christen verloren. Wie sich das zeigt? Man tritt allem, was gegen Gott gerichtet ist, nicht mehr entschieden entgegen. Ein Lebensstil ohne Gott hat ja auch seine Reize. Entschlossenheit und entschiedener Widerstand sind unsere Sache nicht. So ist uns der Blick für die Gefahren allmählich verlorengegangen. Wir sehen nicht mehr die tödliche Bedrohung für das ganze Universum. Wir sympathisieren mit dem Bösen, weil wir seinen Einfluß, sein gewaltiges Ausmaß und seine Hinterhältigkeit unterschätzen.

Eine unentschuldbare Verblendung! Nur so können die Mächte des Bösen in einem Tempo an Boden gewinnen, das uns schon längst alarmiert und wachgerüttelt hätte, wären wir nur nicht so realitätsfremd!

Gott braucht Menschen, die das Wagnis der Liebe eingehen; die es wagen, trotz des Hasses, der ihnen entgegenschlägt, an der Liebe festzuhalten. Sie wagen es, Jesus Christus zu lieben. Sie wagen auch die Liebe untereinander und für ihre Feinde. Sie stehen zum Wagnis der Liebe, auch wenn sie das ihre Popularität kostet. Ja, sie wagen zu lieben, auch wenn es sie das Leben kostet.

Denn in dieser Auseinandersetzung ist Liebe ja die einzige Waffe, die dem Christen bleibt. Ohne Liebe ist er am Ende. Er verliert alles, wenn er nicht bereit ist, sich persönlich in diesem großen Kampf zu engagieren.

Wer sich dafür entscheidet, findet sich sehr schnell mitten drin im Kampfgetümmel. Hat man die bequeme Sicherheit, die wir doch so sehr schätzen, erst einmal aufgegeben, dann lernt man schnell, was es heißt, daß Jesus Christus nicht „Frieden" bringt, sondern das „Schwert". Wie Martin Luther werden wir in Tumulte, Revolutionen und Konflikte mitten hineingeworfen.

Aber so wie Licht die Dunkelheit vertreibt, so besiegt die Wahrheit den Irrtum. Beide werden sich nie miteinander vertragen. Am einen festzuhalten bedeutet, das andere abzulehnen. Wenn sich Christen für Jesus Christus und seine Liebe entscheiden, werden sie Schwierigkeiten bekommen und mit Spannungen leben müssen. Widerstand wird sich regen – am Arbeitsplatz, in der Nachbarschaft, in der Öffentlichkeit, vielleicht sogar in der eigenen Familie. Warum das so ist? Weil liebevolles Christentum der Tat und des Wortes in einer Welt, die das Evangelium ablehnt, wie ein lebendiger Vorwurf wirkt. Besonders auf Leute, die nur dem Namen nach Christen sind.

Schlafende Gewissen reagieren auf unbequeme Ruhestörungen äußerst gereizt. Ein bißchen Religion nimmt man ja gern in Kauf. Das beruhigt so schön. Aber man ärgert sich um so mehr über Christen, die immer das Ganze wollen, die sich nicht mit dem Status quo meinen abfinden zu können. Allein durch ihr Dasein bilden sie eine Herausforderung für Selbstzufriedenheit und satte Behaglichkeit. Es ist schon lästig, wenn man sich aus seiner Selbstgefälligkeit aufraffen soll, um sich auf eine Sache einzulassen, die einem teuer zu stehen kommen kann. Auf der anderen Seite hatte Gott immer Menschen, die für ihn und seine Sache eintraten, auf die er sich verlassen konnte. Abenteurer Gottes wie Elia, Jeremia, Stephanus, Paulus, Martin Luther und andere. Sie alle stifteten Unruhe und erregten öffentliches Ärgernis allein durch das, was sie sagten und wie sie lebten.

Das war immer so und das wird gewiß so bleiben, bis Gott mit dieser Welt am Ziel sein wird. Christen lassen sich also über Schwierigkeiten nicht aus der Fassung bringen.

Schwierigkeiten bedeuten nicht, daß wir zu Gott ein gestörtes Verhältnis haben. Die Bibel spricht eindeutig von Verfolgung um der Gerechtigkeit willen. Fangen wir einfach damit an, Probleme als ganz natürlichen Teil unseres Lebens mit Gott zu betrachten – in einer Welt, die nach völlig entgegengesetzten Prinzipien handelt und Gottes Liebe ablehnt, die sich für die Liebe Gottes auch nicht erwärmen konnte, als sie in Gestalt seines Sohnes auf unserer Erde erschien.

Wenn ein Christ die Liebe einstellt, weil er auf Widerstand stößt, dann hat es mit seinem Glauben nicht viel auf sich. Echte Liebe hält durch. Sie ist nicht immer bequem. Liebe ist anstrengend und riskant; sie nimmt uns voll in Anspruch. Menschen zu lieben ist Schwerstarbeit. Wir müssen einkalkulieren, daß wir Rückschläge erleiden und daß am Ende womöglich nichts dabei herauskommt. Ein Christ entscheidet sich für die Liebe, auch wenn er keine Erfolge erwarten kann. Warum ein Christ so handelt? Er hat es von Jesus Christus gelernt.

„Laßt uns nicht müde werden, das Gute zu tun; denn wenn wir darin nicht nachlassen, werden wir ernten, sobald die Zeit dafür gekommen ist." (Galater 6,9.) Auf diese Zusage kann man sich verlassen und – weiterlieben.

Es geht fast über unseren Horizont, wenn uns die Bibel noch einen Schritt weiterführt. Wir sollen in Schwierigkeiten und Auseinandersetzungen nicht aufstecken, im Gegenteil, wir sollen sie bejahen.

„Selig, die um der Gerechtigkeit willen verfolgt werden", sagt Jesus, „denn ihnen gehört das Himmelreich. Selig seid ihr, wenn ihr um meinetwillen beschimpft und verfolgt und auf alle mögliche Weise verleumdet werdet. Freut euch und jubelt: Euer Lohn im Himmel wird groß sein." (Matthäus 5,10–12.)

Auch der Apostel Paulus ließ sich von Widerstand und Verfolgung nicht beeindrucken. „Deswegen bejahe ich alle Mißhandlungen und alle Nöte, Verfolgungen und Ängste, die ich für Christus ertrage; denn wenn ich schwach bin, dann bin ich stark." (2. Korinther 12,10.)

Auseinandersetzungen sind ein Teil des Bodens, auf dem das Reich Gottes wächst und Gestalt gewinnt.

Einer, der das aus erster Hand wußte, war Martin Luther: „Friede, wenn möglich", schrieb er, „aber die Wahrheit um jeden Preis!" Die Bibel beschreibt die Menschen, die als erste Jesus Christus nachfolgten, als Liebende. In unerschrockener Liebe waren sie bereit, selbst ihr Leben für Christus zu opfern. Unter allen Umständen wollten sie andere Menschen zu Jesus Christus führen. Herausforderungen, Hindernisse und Angriffe brachten sie nicht aus der Fassung. Mutig wagten sie den Weg in eine heidnische Welt. Sie kreisten diese Welt ein und wollten sich nicht mit der Welt, wie sie war, abfinden. Sie erregten damit den ganzen Weltkreis (Apostelgeschichte 17,6).

So wie damals braucht Gott heute Christen, die sich mutig und rückhaltlos dem Trend der Zeit entgegenstellen. Gott braucht Menschen, die getreu ihrem Vorbild, Jesus Christus, das Wagnis der Liebe eingehen.

Trotz aller möglichen Konsequenzen.

Ohne Rücksicht auf den Preis.

Es ist nicht geraten, gegen das Gewissen und gegen die eigene Überzeugung eine fragwürdige Ruhe und einen faulen Frieden zu erkaufen, in dem wir das Wagnis der Liebe verweigern.

LIEBE

fragt nicht nach dem Trend der Zeit.
Sie läßt sich auch nicht durch Schwierigkeiten aus
der Fassung bringen.
Liebe weiß, daß der Weg ins Reich Gottes mit Problemen gepflastert ist.

11
LIEBE IST, WENN MAN FEINDE GUT BEHANDELT

„Wenn jemand sagt: Ich liebe Gott – und haßt seinen Bruder, der lügt. Denn wer seinen Bruder nicht liebt, den er vor Augen hat, kann unmöglich Gott lieben, den er nicht sieht."

Die zwei Männer waren immer gute Freunde gewesen. Beide Handwerker in der gleichen Branche. Beide leisteten gute Arbeit.

Einmal bewarben sich beide um einen Auftrag, ohne voneinander zu wissen. Natürlich konnte nur einer den Zuschlag bekommen. Als die Ausschreibung mit den Ergebnissen veröffentlicht wurde, zeigte sich, daß der eine dem anderen im Wettbewerb unterlegen war. Die Frau des Unterlegenen war sehr enttäuscht. Sie hatte mit diesen zusätzlichen Einnahmen für eine besondere Anschaffung fest gerechnet. In ihrer Enttäuschung äußerte sie die Vermutung, daß der Rivale sein Angebot nur deshalb so niedrig gehalten habe, um das Angebot ihres Mannes zu unterbieten.

Dieser Verdacht blieb nicht ohne Wirkung auf ihren

Mann. Der Gedanke hatte etwas für sich, er festigte sich in ihm zu der Überzeugung: Genauso ist es!

Mit der Freundschaft war es aus. Man vermied alle persönlichen Begegnungen, auch auf Gebieten, wo man früher selbstverständlich und reibungslos zusammengearbeitet hatte. Und weil ein bestimmter Verdacht vorlag, zweifelte der eine an der Aufrichtigkeit des anderen.

Natürlich wurde die Sache publik. Bekannte, Freunde, die Familie – alle wurden irgendwie in die Sache mit hineingezogen. Und weil beide vorgaben, Christen zu sein, blieb der Vorfall nicht ohne Wirkung auf die Gemeinde, der sie beide angehörten. Um jeden der Kontrahenten bildete sich eine Gruppe; neue und völlig unnötige Mißverständnisse entstanden; wie ein Krebsgeschwür breitete sich die Sache aus, die so unscheinbar begonnen hatte. Nicht nur das Verhältnis der beiden Männer zueinander war angeschlagen, ihre Freundschaft hatte Schaden genommen, ihre Liebe füreinander schien dahin.

Das Christentum hat in erster Linie nicht den Widerstand zu fürchten, der von seinen Gegnern ausgeht. Weit verheerender wirkt das Unrecht im eigenen Lager. An dieser Front erleidet das Christentum die schwersten Rückschläge. Neid, Verdächtigungen und Unversöhnlichkeit setzen uns mehr zu als alles andere.

Jesus warnte seine Nachfolger viel mehr vor den inneren Gefahren als vor den äußeren. Nichts kann einen Menschen oder eine Familie so völlig aufreiben wie Haß und Abneigung.

„Wenn jemand sagt: Ich liebe Gott! aber seinen Bruder haßt, ist er ein Lügner. Denn wer seinen Bruder nicht liebt, den er sieht, kann Gott nicht lieben, den er nicht sieht." (1. Johannes 4,20.) Liebe, die wir für Gott empfinden, ist untrennbar verbunden mit der Liebe für andere Menschen. Gott seine Liebe bekennen und sie gleichzeitig den Menschen vorenthalten – das geht nicht. Man kann nicht zweigleisig lieben. Entweder man liebt oder man liebt nicht.

Ja, ob wir Gott lieben, zeigt sich darin, ob und wie liebevoll wir mit anderen Menschen umgehen. „Wenn wir einander lieben, bleibt Gott in uns." (1. Johannes 4,12.) Jesus Christus sagt: „Liebt eure Feinde und betet für die, die euch verfolgen, damit ihr Söhne eures Vaters im Himmel werdet ... Ihr sollt also vollkommen sein, wie es auch euer himmlischer Vater ist." (Matthäus 5,44.45.48.) Nobody is perfect – kein Mensch ist vollkommen. Wenn Gott von Vollkommenheit redet, stehen ihm keine perfekten Typen vor Augen, die unfähig wären, auch nur den geringsten Fehler zu begehen. Unter Vollkommenheit versteht Gott einen Grad unserer Liebe, die auch den Rivalen und Kontrahenten annimmt, die auch vor Verdächtigungen und Mißverständnissen nicht kapituliert. Wer auf dieser Ebene selbstlos liebt, dem nehmen wir es ab, wenn er behauptet, Gott zu lieben.

Auch mit dem frömmsten Theater können wir Gott nicht täuschen. Fromme Reden sind kein Ersatz für Liebe, die wir anderen vorenthalten. Zugegeben, es gibt Menschen, die schwer zu ertragen sind, deren Art uns oft verletzt. (Wir selber sind oft solche Typen.) Das alles berechtigt uns nicht, Liebe zu verweigern. Von Christen erwartet Gott, daß sie ihre Liebe in allen Lebenssituationen zeigen.

Dabei sind wir oft wie die Kinder. Liebe haben wir am nötigsten, wenn wir sie am wenigsten verdienen. Wer sich deshalb durch Unrecht und Verdächtigungen von der Liebe nicht abbringen läßt, der gehört zu den Leuten, wie Gott sie braucht. Auseinandersetzungen in Liebe durchzustehen, ist lebensnotwendig für alle Beteiligten.

Es bringt doch nichts, wenn wir aus kleinsten Anlässen heraus entrüstet, verstimmt, ja geradezu feindselig reagieren. Das wirkt nicht nur zerstörerisch auf unsere zwischenmenschlichen Beziehungen – damit stören wir auch unser Verhältnis zu Gott aufs empfindlichste. Nicht, daß wir anderen Leuten gestatten sollten, uns zu ärgern und mit uns zu machen, was sie wollen. Ein Christ hat das Recht und die Pflicht, im Zusammenleben mit anderen klare Verhältnisse zu schaffen. Dieses Bemühen jedoch wird hoffnungslos scheitern, wenn wir es ohne Liebe versuchen.

„Lasset die Sonne über eurem Zorn nicht untergehen", rät der Apostel Paulus. (Epheser 4,26, Luther.) Er wußte genau, daß man es nicht zulassen darf, daß Feindseligkeiten sich festsetzen. Ein andermal sagte er: „Jede Art von Bitterkeit, Wut, Zorn, Geschrei und alles Böse verbannt aus eurer Mitte! Seid gütig zueinander ..., vergebt einander, weil auch Gott euch durch Christus vergeben hat." (Epheser 4,31.32.) Experten in der Liebe sind Fachleute in der Behandlung feindseliger Gefühle. Wie man mit ihnen fertig wird? Indem man lernt, was Vergebung heißt. Vergebung? Natürlich kann man auch durch Vergebung nicht ungeschehen machen, was nun einmal geschehen ist. Gerade deshalb müssen

Christen wissen, warum Gott von ihnen erwartet, zur Vergebung ständig bereit zu sein.

Durch das Evangelium erfahre ich, daß Gott uneingeschränkt bereit ist, mir zu vergeben. Woher in aller Welt nehme ich dann das Recht, einem anderen Menschen nicht zu vergeben? Gott vergibt mir, weil er Mitleid für mich empfindet und weil er mich liebt. Durch seine Vergebung mir gegenüber erzieht mich Gott zur Vergebungsbereitschaft als Christ. Die Worte wiegen schwer und sind dennoch richtig: Nie und niemandem gegenüber habe ich das Recht, Vergebung zu versagen.

Ein Mensch kann zu Gott kommen, wann und wie er will: Er wird ihn immer vergebungsbereit antreffen. Gott bietet mir sogar Vergebung an, noch ehe ich meine Schuld als solche erkannt habe.

Was für die Liebe gilt, gilt auch für die Vergebung: Wir neigen dazu, Vergebung an Bedingungen zu knüpfen. Erst wollen wir ein Zeichen des Bedauerns oder eine Entschuldigung sehen. Dann läßt sich vielleicht darüber reden. Freilich nur, wenn ein Schuldner ausgiebig bereut und uns mit dem gezeigten Bedauern zufriedenstellt.

Mit seinem eigenen Beispiel will Gott uns zur Vergebung gewinnen, die über das normale Maß hinausgeht. Wir sollen einem Menschen vergeben, noch bevor er uns Unrecht zufügen konnte. Gott vergibt aus Prinzip, bevor wir noch mit ihm über unsere Schuld sprechen konnten. Jenes unwürdige Spiel, einen Menschen um Vergebung betteln und ihn so lange zappeln zu lassen, bis er sich entschuldigt hat – das macht Gott nicht mit.

Darum sagt die Bibel, daß der Mensch die Plattform bestimmt, auf der Gott ihm begegnet. Wer selbst vergebungsbereit ist, dem wird vergeben. Darüber gibt es keinen Zweifel. „Und wenn ihr beten wollt und ihr habt einem anderen etwas vorzuwerfen, dann vergebt ihm, damit auch euer Vater im Himmel euch eure Verfehlungen vergibt." (Markus 11,25.) „Wenn ihr aber den Menschen nicht vergebt, dann wird euch euer Vater eure Verfehlungen auch nicht vergeben." (Matthäus 6,15.) „Seid gütig zueinander, seid barmherzig, vergebt einander, weil auch Gott euch durch Christus vergeben hat." (Epheser 4,32.) Sind wir uns immer im klaren darüber, was wir von Gott wirklich erbitten, wenn wir beten: „Und vergib uns unsere Schuld, wie wir vergeben unseren Schuldigern"? (Matthäus 6,12, Luther.) In Worten läßt es sich kaum beschreiben; man muß es erlebt haben: Gott ist ständig bereit, ohne Zögern und vorbehaltlos, zu vergeben. Es wäre eine Kälte ohnegleichen, würden wir einem anderen unsere Vergebung verweigern. Wir können nur ahnen, was Gott in unserem Leben ausrichtet, indem er unsere Schuld vergibt. Oft reden wir Christen über Wert und Größe von Gottes Vergebung. Und obwohl wir sehr redegewandt darüber sprechen können, versagen wir in diesem Punkt oft so kläglich. Die armselige Qualität unserer Vergebungsbereitschaft läßt viele Menschen bezweifeln, was sie doch so dringend nötig haben: die vergebende Liebe Gottes.

Doch Gott vergibt nicht nur. Gott geht weiter. Er sagt: „Ich bin es, der deine Vergehen auslöscht, ich denke nicht mehr an deine Sünden." (Jesaja 43,25.) Gott will meine Schuld nicht nur vergeben, er will sie auch vergessen. Auch darin sollte die Vergebung eines Christen der Vergebung Gottes nicht nachstehen. Die beliebte und weitverbreitete Redensart: „Vergeben will ich schon, vergessen kann ich nicht!" wird es für einen Christen nicht mehr geben.

Vergebung hat mit Liebe zu tun. Wie bei der Liebe kommt es auch bei der Vergebung nicht auf meine Gefühle an. Mein Wille ist entscheidend. Ein Christ kann vergeben, obwohl es ihm gefühlsmäßig als unmöglich erscheint. Ich kann mich dafür entscheiden, zu vergeben und zu dieser Entscheidung zu stehen. Und wenn es schwerfällt? Gott weiß das auch. Wer mit Gott darüber spricht, wird erleben, daß Gott ihm hilft. Denn wirklich zu vergeben – damit sind wir von uns aus überfordert. Ohne Gott ist jeder ein verlorener Mensch; wer sich aber dafür entschieden hat, mit Gott zu leben, den macht er fähig, anderen gern zu vergeben.

Manche Dinge muß man einfach ausprobieren. Zum Beispiel, daß wir für Menschen beten, die uns gegenüber gehässig sind oder die wir so empfinden. Wer anfängt, für einen anderen zu beten, geht den ersten Schritt, ihn zu lieben; denn Liebe in ihrer eigentlichen Bedeutung ist mehr als ein Gefühl. Sie ist die bewußte Entscheidung, einem anderen Menschen etwas zu sein, etwas für ihn zu tun. Erstaunliche Erlebnisse warten auf uns, wenn wir mit Gott über Menschen sprechen, die uns nicht liegen. So werden Abneigungen überwunden, zerrüttete Verhältnisse geheilt. Und wenn wir uns erst einmal zur Vergebung entschieden haben, dann dürfen sogar unsere Gefühle zu ihrem Recht kommen. Ich weiß nicht, welches Glücksgefühl stärker sein könnte – zu vergeben oder selbst Vergebung zu erfahren.

Persönliche Beziehungen zwischen Menschen leben

von der Liebe, sie leben ebenso von der Vergebung. Je mehr wir uns gegenseitig kennenlernen, desto besser verstehen wir Beweggründe und Verhaltensweisen, und um so mehr ist es uns möglich, Fehlverhalten, Versagen, ja, absichtliches Unrecht zu vergeben – und uns vergeben zu lassen. Die Bibel nennt uns den Grund, warum Jesus als unser Bruder und Hoherpriester in seiner Vergebungsbereitschaft nicht zu übertreffen ist: Weil er unsere Menschlichkeit am eigenen Leib erfahren hat. Um vergeben zu können, wurde der Sohn Gottes Mensch. Er weiß, was einen Menschen interessiert und welche Nöte ihn belasten. Er ist mit uns ein Verhältnis eingegangen, das er von sich aus nie aufkündigen wird. Jesus Christus hat sich völlig mit der Menschheit verbunden; und obwohl das keiner von uns verdient hat, wird durch ihn die Vergebung Gottes Wirklichkeit. Gott hat sich dafür entschieden, sich durch seinen Sohn so sehr mit der menschlichen Rasse zu verbinden, daß sein Sohn uns besser verstehen und uns vergeben kann. Wer das erfährt, kann nicht anders, als auch seinen Mitmenschen vergebungsbereit entgegenzukommen.

Viele unserer Spannungen, Verärgerungen und Unstimmigkeiten entstehen einfach aus Mißverständnissen. Die meisten wären schnell beseitigt, wenn wir nur geduldig bemüht wären, sie zu verstehen. Könnten wir die Lebensgeschichte unserer Kritiker und unserer Feinde lesen, dann könnten wir sie besser verstehen. Wir würden etwas erfahren von dem Leid und den Belastungen, die sie zu tragen haben. Wie schnell würden Barrieren verschwinden, die sich zwischen uns aufgetürmt haben. In seinem tiefen Empfinden und in seinem Verständnis für andere konnte Jesus sogar für die Leute beten, die ihn quälten und umbrachten: „Vater, vergib ihnen, denn sie wissen nicht, was sie tun." Bringen wir doch den Mut auf, uns einmal in die Lage derer hineinzuversetzen, die uns verletzt haben, die uns Unrecht zugefügt haben. Es könnte der Beginn eines Weges sein, auf dem wir sie verstehen lernen, um ihnen vergeben zu können.

LIEBE

hält sich nicht zurück.
Sie liebt am meisten, wenn es der andere am wenigsten verdient.
Denn dann braucht er es am meisten.

12
LIEBE HILFT ZURECHT UND HEILT

"Liebe hält sich an die Wahrheit."

Stellen wir uns folgendes vor: Ein Arzt stellt bei einem Patienten eindeutig eine ernsthafte, lebensbedrohende Krankheit fest. Nur durch sofortige Operation besteht die Chance zur Heilung. Statt dessen schickt er seinen Patienten zur Erholung in den Süden mit der Anweisung, viel zu ruhen und den warmen Sonnenschein zu genießen. Mit Recht wären wir über diesen Arzt empört. Ärztekammer und Öffentlichkeit würden sich von einem solchen Arzt distanzieren.

Wer sich jetzt in Gedanken über ihn entrüstet, mag sich vor Augen halten, daß er sich auf anderer Ebene schon oft genauso verhalten hat.

Jesus Christus kam auf diese Erde, um zwischen Gott und Menschen wieder geordnete Verhältnisse zu schaffen. Das leuchtet uns auch allen ein. Christus kam jedoch auch, um die Beziehungen der Menschen untereinander wieder zurechtzubringen. Wie wichtig das ist, übersehen wir oft.

In der Bibel erfahren wir, daß es nicht so sehr die räumliche Distanz ist, die uns von Gott trennt, als vielmehr unsere Schuld; die Bibel verwendet dafür den Begriff „Sünde". Das gleiche gilt für unsere zwischenmenschlichen Beziehungen. Sünde treibt einen Keil zwischen Menschen. Sünde, ganz gleich auf welcher Ebene sie entstand, betrachtet Jesus Christus als eine Krankheit, die behandelt werden muß. Ihm liegt viel daran, daß Christen nicht nur wissen sollen, wie man mit Gott in Verbindung treten kann; sie sollen vor allem wissen, wie man mit Menschen umgeht. Das Neue Testament wird darin sehr konkret. Seine Schreiber beleuchten von verschiedenen Seiten die breite Skala unseres möglichen Fehlverhaltens, wodurch zwischenmenschliche Beziehungen zerstört werden.

Man ist erstaunt zu sehen, daß wir nach Gottes Auffassung mit unserem Verstand mehr Unheil anrichten als mit unseren körperlichen Fähigkeiten. Zwar haben wir uns angewöhnt, uns über Ehebruch und Diebstahl viel mehr zu entrüsten als über Unversöhnlichkeit, Überheblichkeit, Haß und Selbstgerechtigkeit. Dies alles betrachten wir als relativ harmlose Kavaliersdelikte, die keine besondere Beachtung verdienen. Die Bibel wirft das alles in einen Topf. Für Gott gibt es keine großen und auch keine harmlosen Sünden. Für ihn ist Götzendienst so schlimm wie Neid, und Unversöhnlichkeit steht dem Ehebruch in nichts nach (Galater 5,19–21). Unter sogenannten Christen wie unter Spießbürgern ist es eine weitverbreitete Haltung, sich über Fehlverhalten besonders zu entsetzen, wenn es nach außen sichtbar wird. Sehr häufig sollen Entsetzen und Entrüstung nur dazu dienen, von den viel tiefergreifenden Problemen des eigenen Lebens abzulenken. So sind wir ständig damit beschäftigt, uns vor anderen zu verstecken und vor Gott davonzulaufen. Wir zimmern uns eine unaufrichtige Moral, um unsere innere Unmoral zu verdecken. Natürlich würden wir in den meisten Fällen von keinem irdischen Richter für das belangt, was wir tun. Gott aber können wir nichts vormachen über die tiefsitzende Unmoral unseres Egoismus, unserer Distanziertheit, über jenen abweisenden Hochmut, den wir vielen gegenüber an den Tag legen.

Diese doppelte Moral in der Bewertung von Schuld ist wahrscheinlich für Nicht-Christen eines der schwersten Hindernisse, Christen zu werden. Es ist glatte Heuchelei, wenn man äußere und innere Sünde so unterschiedlich bewertet. So wird man selbstzufrieden und redet sich am Ende ein, daß jeder eben ein anderes Temperament habe und daß es viele Dinge gebe, mit denen man leben müsse und leben könne. Man braucht sich als Christ nicht zu wundern, daß die Welt für diese Doppelbödigkeit nur Verachtung übrig hat. Einerseits will man Menschen für die Liebe Gottes gewinnen, andererseits erntet man dafür nur Gelächter, weil im eigenen Leben so wenig davon zu sehen ist.

Sünde – darüber denken wir offensichtlich ganz anders als Gott. Er urteilt härter über die Schuld, die sich aus einer falschen inneren Einstellung ergibt. Weil er weiß, daß dadurch die zwischenmenschlichen Beziehungen nachhaltig verletzt und zerstört werden.

Ein Taschendieb wird von der Gesellschaft abgelehnt, auch von der christlichen. Man sagt ihm, daß sein Lebensstil letztlich nichts einbringen, ja ihn sogar ruinieren werde. Es würde uns kaum einfallen, einem Egoisten und Geizhals das gleiche zu sagen. Obwohl wir davon ausgehen können, daß Gott den unaufrichtigen Egoisten härter anfaßt als den Taschendieb, weil sich diese Haltung mit seiner liebevollen Art nicht verträgt. Wenn wir ehrlich sind vor uns selbst, waren wir für die inneren Sünden häufig blind, während wir offenkundige Vergehen scharf verurteilten.

Wie wir sehen: Vergebungsbereitschaft ist die wichtigste Voraussetzung für ein gutes Verhältnis auch schwierigen Menschen gegenüber. Aber dabei können wir nicht stehenbleiben. Jemandem vergeben und ihn annehmen, genügt nicht immer. Um eine Beziehung wieder anzuknüpfen und sie dauerhaft zu heilen, dazu gehört mehr.

Jesus Christus erweitert unser Verhältnis zu anderen um eine wichtige Dimension. Sie ist die zweite große Voraussetzung, mit anderen klarzukommen. „Wenn dein Bruder sündigt, dann geh zu ihm und weise ihn unter vier Augen zurecht." (Matthäus 18,15.)

Schuld entsteht nicht nur dort, wo jemand einem anderen persönliches Unrecht zufügt. Schuld liegt auch in allgemeinem Fehlverhalten. Wir würden keinen Augenblick zögern, sondern etwas unternehmen, wenn uns bekannt würde, daß einer einen Mord plant. Warum fühlen wir uns nicht auch für einen anderen verantwortlich, wenn wir merken, daß er seine Familie drangsaliert oder sein altes Motoröl einfach in den Wald kippt? Es ist unsere Pflicht, dabei nicht einfach zuzusehen. Gott gebietet uns hinzugehen, um Rat und Korrektur anzubieten. Auch das ist Liebe. Dabei erwartet Jesus Christus von dem Betroffenen, dem Unrecht zugefügt wurde, daß er den ersten Schritt tut. Er soll den, der Unrecht getan hat, unter vier Augen darauf ansprechen. Leider verläuft unsere typische Reaktion genau entgegengesetzt. Erstens warten wir darauf, daß der schuldige Teil sein Unrecht einsieht und sich entschuldigt. Wir glauben, das mit Recht erwarten zu dürfen. Und zweitens reden wir nicht immer zuerst unter vier Augen mit dem, den es angeht, sondern posaunen sein Unrecht in alle Welt hinaus.

Hier zeigt es sich, was unsere Liebe letztlich wert ist. Das Zusammenleben der Menschen könnte grundlegend verbessert werden, wenn Christen damit anfingen, diese Anweisung der Bibel ernst zu nehmen. Selbst Kriege könnten vermieden werden, wenn man sich im Zusammenleben der Völker an diese Regel halten würde. Jesus Christus lehrt, daß der, dem seiner Meinung nach Unrecht zugefügt wurde, von sich aus den Versuch machen soll, die zerbrochene Verbindung wiederherzustellen. Man darf über offensichtliches Unrecht nicht schweigend hinweggehen, sich sein Teil denken und mit allen Leuten darüber reden, nur nicht mit dem, der in unseren Augen der Schuldige ist.

Natürlich ist dies ein riskanter Weg, der weitreichende Folgen haben kann. Aber auch über diesen Weg kann man nicht diskutieren – man muß ihn ausprobieren. Und wer sich auf diesen Weg je eingelassen hat, erlebt Dinge, die er sich nie hätte träumen lassen.

Warum fällt uns dieser Weg so schwer? Weil uns kaum etwas so zuwider ist, wie den ersten Schritt zu tun. Unser Inneres schreit nach Rache und Vergeltung! Und da soll man hingehen zu einem, der uns zutiefst verletzt hat, der uns Unrecht zufügte, um ihm zu helfen und das zerbrochene Verhältnis wiederherzustellen?

Was Jesus Christus uns vorschlägt, ist eine großartige Sache; denn auf diesem Weg verlieren wir unsere negative Einstellung anderen gegenüber. Nichts wirkt so befreiend wie die direkte Gegenüberstellung mit dem, der meine negativen Empfindungen verursacht hat. Nichts erneuert zerbrochene Bindungen so schnell, nichts läßt mich so tiefgreifend die Liebe Gottes erleben.

Alles fängt also damit an, daß ich bereit bin, dem, der mir in die Quere kam, zu vergeben. Der zweite Schritt und geradezu ein Gebot Gottes besteht darin, hinzugehen mit der Absicht zu helfen. Natürlich riskiert man es, abgelehnt zu werden. Auch daran hat Jesus gedacht. Er macht einige praktische Vorschläge, die uns zeigen, was in diesem Fall getan werden kann (Matthäus 18,15–17).

Ob nun der Versuch zur Aussöhnung zum Ziel führt oder nicht – immer hat der den Nutzen, der nach dieser Regel lebt. Er dient dem Nächsten, indem er zu ihm hingeht. Er bekundet ihm, daß die Feindseligkeiten eingestellt werden können. Und es wirkt für den, der Unrecht getan hat, entwaffnend, wenn der Betroffene mit einer liebevollen Geste auf ihn zugeht. Diese Art von Vergeltung ist es, die unsere Welt sehen und erleben muß. Je mehr das geschieht, um so mehr werden Menschen verstehen, daß Gott ihnen Liebe und Vergebung anbietet.

In seinem Leben als Mensch hat Jesus Christus dieses Verhalten verwirklicht. Keinem Unschuldigen wurde schrecklicheres Unrecht zugefügt als ihm. Als der Unschuldige, dem Unrecht getan wurde, tat er den ersten Schritt. Er suchte uns, er machte uns unser Unrecht einsichtig, er half uns, unser Leben zu korrigieren, und vor allem: er hat uns vergeben. Was den Menschen von Gott trennte, hat er durch seine Liebe überwunden. Wir sollen deshalb über Christus nicht staunen – wir sollen es ihm nachtun. Liebevoll und aufgeschlossen sollen wir auf Menschen zugehen, die uns Unrecht zugefügt haben oder bei denen wir auf schuldhafte Verhaltensweisen aufmerksam geworden sind. Vielleicht werden wir oft zurückgewiesen. Das soll uns nicht davon abhalten, den Versuch zu wiederholen.

Sicher, die Wirklichkeit sieht anders aus. Wir haben Angst, ins Fettnäpfchen zu treten, fühlen uns bloßgestellt und verletzt. Schnell verfallen wir in Ärger über den, der uns abweist, und waschen ihm den Kopf. Das ist dann zwar sehr menschlich, aber es ist nicht das, was Gott von uns erwartet.

Das andere Extrem: Wir gehen einfach stillschweigend über alles hinweg, was uns an Unrecht begegnet. Wahrscheinlich, so meinen wir, erledigt sich die Sache von selbst, und je mehr man darüber redet, um so schlimmer. Manchmal kann das so sein, meistens jedoch nicht. Es ist lieblos und feige, Unrecht schweigend zu übergehen. Aber, so fragt man, ist Schweigen denn, dem Sprichwort zufolge, nicht Gold? Stimmt! Aber dem ist entgegenzuhalten, daß nicht alles Gold ist, was glänzt und was danach aussieht. Mit wohlklingenden Argumenten verdecken wir, daß uns einfach der Mut zum Risiko fehlt, einen anderen Menschen korrigieren zu wollen. Wir weigern uns, ihm nachzulaufen. Am Ende reden wir uns ein, daß uns die Sache überhaupt nichts anginge und wir gar nicht das Recht hätten, mit ihm darüber zu sprechen. So unterbleiben viele Versuche, anderen wirklich zu helfen und ihnen den Weg zur Vergebung zu zeigen.

Alle diese Ausflüchte bringen uns nicht auf den Weg, auf dem Gott uns sehen will. „Die typische Krankheit unserer Generation ist Neurose", sagt George Vandeman in einem seiner Bücher. „Viele Ärzte sagen übereinstimmend, daß die Hälfte ihrer Patienten daran leiden. Was ist Neurose? Einfach gesagt: Ein Mensch ist neurotisch, wenn er etwas verdrängt, ohne es zu beseitigen."

Abneigungen und Verärgerungen machen seelisch und geistig krank, wenn sie nicht überwunden werden. Eine verdrängte Feindseligkeit zerrüttet nicht nur die zwischenmenschlichen Beziehungen, sondern auch das Verhältnis zu Gott.

Wenn von Verdrängung die Rede ist: Auch Gott hätte seine Enttäuschung über das Verhalten der Menschen auf dieser Erde verdrängen können. Er hätte seinen Ärger mit sich selbst abmachen können, indem er sich weigerte, mit unserem Planeten noch irgend etwas zu tun haben zu wollen. Nein, er hätte das nicht tun können, denn er ist Gott. Gesprächsverweigerung – damit wäre er am Ende seiner Liebe. Er liebt uns so sehr, daß er sich mit schuldbehafteten Menschen einläßt. Er will ihnen wieder zurechthelfen und sie heilen.

Verdrängung ist nicht der biblisch richtige Weg, um mit negativen Empfindungen fertig zu werden. Natürlich kann man Abscheu, Ärger und Sorge in sich selbst verschließen; irgendwann wird dieser Rückstau an Gefühlen explodieren und vieles zerstören. Kain, der erste Mensch, der auf dieser Welt geboren wurde, ist dafür ein Beispiel. In einem Aufwall seiner Gefühle hat er das Leben seines Bruders ausgelöscht. Seither haben Unzählige ihre Empfindungen verdrängt und damit die Kontrolle über die

Auswirkungen verloren. Unnennbares körperliches, seelisches und geistiges Leid waren die Folgen.

Es ist geradezu ein Lebensgesetz: Immer, wenn wir die Prinzipien, die Jesus Christus uns vorgelebt hat, mißachten, verletzen wir andere Menschen. Wir brauchen dazu weder Gift noch Revolver. Es geht einfacher und raffinierter. Wir können verletzen mit Halbwahrheiten, die wir über andere verbreiten. Ein herabsetzendes Wort; kritisches Reden über einen Dritten, der nicht anwesend ist; vielleicht nur ein zweifelnd fragender Gesichtsausdruck – das sind die Waffen von Leuten, die ihre Gefühle verdrängen. Wir haben uns daran so gewöhnt wie an die Luft, die wir atmen. Daß das Unrecht ist, wissen wir genau. Und wir sind sehr aufgebracht, wenn andere so mit uns umspringen. Denn wir wissen sehr wohl, daß dies kein gängiger Weg sein kann, Ärger loszuwerden. Es ist vielmehr eine feige, unaufrichtige und unchristliche Methode. Selbstverständlich käme keiner von uns auf die Idee, einen anderen wirklich umzubringen. Es macht uns aber wenig aus, jemanden fertigzumachen, indem wir seinen Ruf, sein Ansehen oder seine Stellung untergraben, ja vernichten. In der Bibel steht: „Tod und Leben stehen in der Macht der Zunge." (Sprüche 18,21.)

Wie befreiend dagegen ist der andere Weg. Zu einem Menschen hinzugehen, von dem wir den Eindruck haben, daß er Unrecht getan habe. Wir können ihm helfen, sein Unrecht einzusehen; ein andermal wird er uns diesen Dienst erweisen. Hingehen und jemanden fertigmachen, das ist keine Kunst. Es gilt in den Augen Gottes als Verbrechen gegen Gott und Menschen, auch wenn wir nach außen freundlich und verantwortungsbewußt tun.

Über einen anderen Menschen negativ zu sprechen, heißt, ihn zu verurteilen. Verurteilen, Richten – das nennt die Bibel in einem Atemzug mit Töten, Stehlen oder Ehebrechen. „Richtet nicht, damit ihr nicht gerichtet werdet!" (Matthäus 7,1.) Über diese Warnung der Bibel sollte man nachdenken! An anderer Stelle warnt Jakobus „Verleumdet einander nicht! Wer seinen Bruder verleumdet oder verurteilt, verleumdet das Gesetz und verurteilt das Gesetz; wenn du aber das Gesetz verurteilst, handelst du nicht nach dem Gesetz, sondern bist sein Richter. Nur einer ist Gesetzgeber und Richter: er, der die Macht hat, zu retten und zu verderben. Wer aber bist du, daß du über deinen Nächsten richtest?" (Jakobus 4,11.12.)

Verdrängungen schaffen also immer neue Probleme, die sich oft zu Tragödien ausweiten. Es ist kaum auszudenken, wie unsere Welt aussähe, würden sich die Menschen, vor allem die Christen, an die Prinzipien halten, die Jesus Christus gelehrt hat.

Es ist höchste Zeit, daß wir die Dimensionen der Liebe Gottes neu entdecken. Wenn wir es doch nur wagen könnten, nach diesen einfachen Prinzipien zu leben. Unser ganzes Zusammenleben untereinander könnte erneuert werden.

Aus dem Rat, den Jesus Christus gibt, spricht feines psychologisches Empfinden: „Wenn dein Bruder sündigt, dann gehe zu ihm und weise ihn unter vier Augen zurecht. Hört er dich, so hast du deinen Bruder zurückgewonnen." (Matthäus 18,15.) Nicht im geringsten würden wir von uns aus damit rechnen, daß dieser Schritt eine Freundschaft stärken könnte, im Gegenteil. Wir befürchten, daß mehr Schaden angerichtet würde, als Gutes entstünde. Jesus sieht das anders. Er will dir einen Bruder, einen Freund zurückgeben. Denn wenn wir zu ihm hingehen, wie Jesus es uns nahelegt, dann geben wir durch unser Handeln zu erkennen, daß wir uns wirklich um ihn kümmern.

Wenn wir aber um den anderen einen Bogen machen, ihm ausweichen, dann zeigen wir ihm, daß er uns gleichgültig ist und wir ihm auch nicht vergeben wollen. Meist ist es einfache Gleichgültigkeit. Gleichgültigkeit und Oberflächlichkeit – davon sind die Beziehungen von Mensch zu Mensch, aber auch die zwischen Mensch und Gott, am stärksten bedroht. Oft tragen wir unsere Kälte und Interesselosigkeit einem anderen gegenüber ganz offen zur Schau. Machen wir uns nichts vor: Wer an anderen nicht interessiert ist, ist unfähig zur Liebe. Die Bibel nennt das Sünde.

Hand aufs Herz: Wie lang ist das her, daß jemand mit dir über einen deiner Fehler gesprochen hat, um dir zu helfen? Und wenn einer den Mut dazu aufbrächte, dich zu ermahnen, wie würdest du reagieren? Hast du genügend Reife und innere Sicherheit, um dir von einem anderen frei und offen sagen zu lassen, wie er über dich denkt, was er als deine Schwäche ansieht? Wärst du bereit, dir sagen zu lassen, was dich von Gott trennt? Oder wie würdest du es aufnehmen, wenn dir einer helfen will, deinen Kindern ein besserer Vater, eine bessere Mutter zu sein?

Solche Gespräche können unser Leben grundlegend ändern. Natürlich nur, wenn sie nicht mit dem erhobenen Zeigefinger, sondern in echter Liebe geführt werden, wobei der Geist Gottes die entscheidende Rolle spielt.

In der zivilen Luftfahrt unterziehen sich die Piloten regelmäßigen Tauglichkeitstests. Der Pilot wird periodisch aufgefordert, mit einem Check-Piloten an seiner Seite seine Tauglichkeit zu beweisen. Der Instrukteur übt Kritik und gibt Ratschläge, wie die Leistungen der Piloten verbessert, die Flüge sicherer gemacht werden können. Den Piloten ist das nicht lästig, im Gegenteil: Sie selbst halten diese Überprüfungen für sehr wichtig; höhere Leistungen und größere Sicherheit in der zivilen Luftfahrt sind die Folge.

Eine regelmäßige Überprüfung ihres Verhältnisses zu Gott erscheint heute vielen Christen als gar keine so schlechte Idee. Denn viele haben den Eindruck, als sei ihre Beziehung zu Gott brüchtig geworden. Unser Leben kann sehr bereichert werden, wenn wir bereit sind, unsere Liebesfähigkeit solchen Tests auszusetzen.

Im Neuen Testament wird ein Mann erwähnt, der als gewaltiger Prediger der christlichen Botschaft angesehen wurde. Ein theologisch nicht geschultes Ehepaar, Aquila und Priscilla, erwies ihm einen wichtigen Dienst. In Redekunst und Religion waren die beiden nie ausgebildet worden; trotzdem wagten sie es, den großen Redner Apollos auf etwas hinzuweisen, was in seiner Predigt fehlte. Der Fachmann nahm diese Kritik von Laien willig an und ließ sich so in seinem Dienst fördern (Apostelgeschichte 18,24–28).

Auch für die Apostel war es selbstverständlich, daß sie untereinander liebevolle, hilfreiche Kritik übten. Paulus gab einmal zu verstehen, wie er über ein bestimmtes Verhalten des Petrus dachte. Und weil dieses Verhalten in der Öffentlichkeit aufgetreten war, scheute sich Paulus nicht, seine Kritik auch öffentlich vor der Gemeinde auszusprechen. Petrus hatte sich von Heidenchristen distanziert, weil er um seinen guten Ruf fürchtete. Damit hatte er auch andere in diesem Sinne beeinflußt – die Sache mußte zurechtgerückt werden (Galater 2,11–14). Daß Petrus darin nicht nachtragend war, ersehen wir aus späteren Bemerkungen über Paulus in seinem zweiten Brief (2. Petrus 3,15).

Auch ein junger Reisegefährte der Apostel, Johannes Markus, mußte einmal eine sehr persönliche Kritik des Apostels hinnehmen. Er hatte Paulus und dessen Reiseteam in Pamphylien einfach im Stich gelassen und sich abgesetzt (Apostelgeschichte 15,36–40). Es kann durchaus sein, daß diese Kritik dem Johannes Markus zu denken gab und dazu führte, daß er sich später zu einem ganz brauchbaren Mitarbeiter entwickeln konnte. Damit in den Gemeinden kein falscher Eindruck bestehen blieb, war Paulus dann auch bereit, ihm ein hervorragendes Zeugnis auszustellen (2. Timotheus 4,11).

Ein Arzt, der wirklich helfen will, muß gelegentlich schneiden, um zu heilen. In der Liebe ist es nicht anders.

Weil wir vor diesen Eingriffen zurückschrecken, ist eines unter Christen weitverbreitet: unterlassene Hilfeleistung. Auch der symbolische Arzt am Anfang dieses Kapitels verweigerte die helfende Operation, weil er seinem Patienten nicht weh tun wollte. Niemand tut von Haus aus dem anderen gern weh.

Auch der Apostel Paulus, der in der Sache eine klare Sprache liebte, fürchtete oft, daß seine Kritik zu hart gewesen sein könnte. Nachdem sein Brief an die Korinther abgeschickt war, fürchtete er, daß er mit dem Messer seiner Kritik zu tief geschnitten haben könnte, obwohl er doch nur helfen und aufbauen wollte. Seine Befürchtungen teilt wohl jeder, der es wagt, einem anderen den schmerzlichen und für beide Teile unangenehmen Dienst einer heilenden Korrektur anzubieten.

„Ich schrieb euch aus großer Bedrängnis und Herzensnot, unter vielen Tränen, nicht um euch zu betrüben, nein, um euch meine übergroße Liebe spüren zu lassen." (2. Korinther 2,4.) Dieser berühmte und überall anerkannte Mann weint über den Schmerz, den er anderen zufügte. Er fühlte sich zur Kritik nur deshalb berechtigt, weil er dadurch aufbauen, heilen und zurechtbringen wollte. Aber wir sehen dennoch, daß es auch diesem Apostel unangenehm war und daß ihm die Liebe für andere innere Nöte eintrug.

Wer wirklich liebt, so wie Gott es von ihm erwartet, darf sich der Aufgabe zur Kritik nicht entziehen. Es ist kaum zu erwarten, daß uns die Sache jemals Spaß machen wird. Hilfreiche Kritik jedoch ist für inneres Reifen und Wachsen unerläßlich – für uns selbst ebenso wie für andere. Die Bibel fordert uns dazu auf und äußert gleichzeitig Verständnis dafür, daß es nicht leichtfällt, Kritik zu üben und Kritik anzunehmen: „In dem Augenblick, in dem wir gestraft werden, sind wir unglücklich," sagt die Bibel.

Einmal befahl Gott einem jungen Mann, nicht nur einen einzelnen Menschen, sondern ein ganzes Volk zu kritisieren: „Rufe, so laut du kannst! Laß deine Stimme erschallen wie eine Posaune. Halte meinem Volk ... ihr Unrecht und ihre Vergehen vor!" (Jesaja 58,1, Die Gute Nachricht.) Damals ging es um das Schicksal eines ganzen Volkes. Und es ging um das, was Gott mit diesem

Volk vorhatte. Anders gesagt – es ging um Gottes Plan mit dieser Welt. Genauso wie heute.

Man erweist Kindern einen schlechten Dienst, wenn sie durch ihre Eltern nie korrigiert werden. Aufbauende Kritik ist der sichere Beweis, daß ein Mensch geliebt wird und daß man sich um ihn sorgt. Auch wenn er das im Augenblick der Kritik oft nicht so empfindet. Viele Teenager haben sich jedoch übereinstimmend dahingehend geäußert, daß man ihnen die Fehler, die sie machen, zeigen solle. Auf keinen Fall sollten ihre Eltern damit aufhören, sie zu korrigieren, wenn sie in deren Augen Fehler machten; auch wenn ihnen die Kritik, so vorsichtig sie auch ausgesprochen wird, immer auf die Nerven gehe.

Wir können davon ausgehen, daß jeder, der einen Fehler macht – an anderen, an sich selbst oder gegenüber Gott –, in Wirklichkeit jemanden braucht und will, der sich um ihn kümmert, der bereit ist, ihn zu korrigieren.

Jesus Christus war auch darin der Meister. Er drückte eben nicht beide Augen zu, wenn die Unwahrheit gesagt wurde; wenn Ehen zerbrachen; wenn Menschen verärgert oder überheblich reagierten. Jedem wollte er helfen, Gott besser kennenzulernen und seine Probleme zu überwinden. Dem bekannten Theologen und Ratsherrn Nikodemus wagte Jesus zu sagen, daß er in Sachen Gotteserkenntnis ein Anfänger sei.

Ein andermal redete er einem jungen Mann aus den oberen Zehntausend ziemlich direkt ins Gewissen. Das Gespräch hätte sein Leben ändern können. Aber die angebotene Korrektur ging ihm zu weit. Trotzdem vermerkt der biblische Chronist, daß Jesus Christus nicht aufhörte, diesen Mann zu lieben, auch dann nicht, als er sich von ihm wieder abwandte.

Besonders eindrucksvoll ist die Episode, in der Jesus Christus einer Frau begegnete. Er traf sie an dem alten Brunnen, der in der Geschichte des israelitischen Stammvaters Jakob eine Rolle gespielt hatte. Was Jesus dieser Frau sagte, muß sie erschreckt und in Verlegenheit gebracht haben. Seine Direktheit würden viele als Unverfrorenheit betrachten; denn er sagte ihr im Grunde nichts anderes, als daß sie eine Ehebrecherin sei. Er hatte erkannt, daß diese Frau einsam war und an ihrer Schuld litt; daß sie nichts mehr wünschte als ein sinnvolles, inhaltsreiches Leben. Darum wählte er diesen Weg, auch auf die Gefahr hin, daß die Frau ihn ablehnen würde. Aber es kam ganz anders. Das Gespräch mündete in ein unvergeßliches Erlebnis sein. Die ganze Stadt, in der diese Frau lebte, freute sich über die Begegnung mit Jesus Christus.

Ganz hart erscheint es uns, wie Jesus Christus die Pharisäer anfaßte. Er geht so weit, die angesehensten Theologen seiner Zeit als Schlangenbrut zu bezeichnen – und das in Gegenwart ihrer Fans. Er bescheinigt ihnen Heuchelei, weil sie nach außen so tun als ob, inwendig aber durch und durch verfault sind.

Natürlich reagierten sie mit wütenden Attacken gegen ihn. Ja, sie wollten seine Vernichtung. Warum diese Härte? Weil nur dadurch die Aufrichtigen unter ihnen, obwohl auch sie voller Vorurteile steckten und von seinen Worten verletzt waren, sich durch seine Kritik wachrütteln ließen. Einige Theologen und Leute, die in der Partei eine maßgebliche Rolle spielten, schlossen sich später den Jüngern an, nachdem Jesus Christus auferstanden war. Und das, obwohl sie von Jesus so vernichtend kritisiert worden waren.

An der Art, wie Jesus Christus kritisierte, können wir etwas außerordentlich Wichtiges lernen. Wir sind als Menschen überhaupt nicht in der Lage und dazu fähig, in einem anderen echte Korrektur zu bewirken. Nicht, wer die Wahrheit sagt, bewirkt eine Veränderung, sondern die Wahrheit an sich. „Denn lebendig ist das Wort Gottes, kraftvoll und schärfer als jedes zweischneidige Schwert; es dringt durch bis zur Scheidung von Seele und Geist, von Gelenk und Mark; es richtet über die Regungen und Gedanken des Herzens." (Hebräer 4,12.)

Jemandem die Wahrheit sagen – das bedeutet nicht, ihn mit unseren Auffassungen oder mit Bibeltexten zu bombardieren. Was wir einem anderen sagen wollen, um ihn liebevoll zu einer Korrektur seines Verhaltens zu führen, muß glaubwürdig sein. Dabei geht es nicht um unsere Meinungen und Auffassungen. Es geht vielmehr um die Lebensprinzipien, die wir in der Bibel kennenlernen. Wir haben kein Recht dazu, den Menschen so hinbiegen zu wollen, daß er unseren Vorstellungen entspricht, weder in der Erziehung noch in der Ehe. Genausowenig auf allen anderen Gebieten menschlichen Zusammenlebens. Es darf nicht unser Ziel sein, Menschen ändern zu wollen, damit sie für uns annehmbarer sind. Das würde nur neue Aggressionen auslösen und das Gegenteil dessen bewirken, was wir eigentlich wollen. Erste Christenpflicht besteht darin, anderen zu helfen auf ihrem Weg des Wachsens und Reifens. Ein Mensch soll Gottes Vorstellungen entsprechen, nicht den unseren.

Deshalb kommt es bei jeder Korrektur entscheidend darauf an, welchen Maßstab wir anlegen. „Sage den Menschen die Botschaft Gottes, gleichgültig, ob es ihnen paßt oder nicht! Rede ihnen ins Gewissen, weise sie zurecht und ermutige sie! Werde nicht müde, ihnen den rechten Weg zu zeigen!" (2. Timotheus 4,2, Die Gute Nachricht.) Kein Mensch hat das Recht, Ermahnungen und Ratschläge zu geben, die über die klaren Gebote, Prinzipien und Leitlinien der Heiligen Schrift hinausgehen.

Von Jesus Christus, dem Meister in der Kritik und des heilenden Zurechtbringens, lernen wir außerdem, wie jede Wahrheit in Liebe ausgesprochen wird. Auch Jesus mußte einkalkulieren, daß die Wahrheit verletzen kann. Dennoch hat er kein Wort unterdrückt, das gesprochen werden mußte. Aber er sagte die Wahrheit in Liebe, taktvoll und gütig. Er war nie unhöflich oder respektlos; wenn es manchmal so schien, dann liegt der Grund einfach darin, daß die Wahrheit manchmal mit ungeheurer Wucht getroffen hatte. Ohne echten Anlaß fiel von ihm kein hartes oder strenges Wort. Er hat den Menschen auch nicht ihre Schwächen angelastet. Keiner kann wie er beanspruchen, die Wahrheit und nichts als die Wahrheit zu sagen, und das in Liebe. Natürlich mußte Frömmelei entlarvt, Bosheit beim Namen genannt werden. Seine schärfsten Tadel hat Jesus unter Tränen ausgesprochen.

In diesem Sinne fordert Jesus Christus uns auf, die Liebe Gottes in dieser Welt zu leben – und dabei zu verfahren wie er: zurückhaltend im Ton und doch mit innerer Überzeugung, von dem einzigen Wunsch beseelt, anderen zur Heilung zu verhelfen. Aufrichtigkeit ohne Liebe ist Brutalität; Liebe ohne Aufrichtigkeit ist Gefühlsduselei. Echte Liebe, wie Jesus Christus sie uns vorlebte, schließt Aufrichtigkeit ein, und echte Aufrichtigkeit ist Ausdruck der Liebe. Rein menschlich gesehen, sind wir völlig überfordert, Wahrheit und Liebe miteinander zu verbinden. Das übersteigt unsere Möglichkeiten. Jesus Christus zeigt uns den Weg, wie es dennoch möglich ist: „Macht euch keine Sorgen, wie und was ihr reden sollt; denn es wird euch in jener Stunde eingegeben, was ihr sagen sollt. Nicht ihr werdet dann reden, sondern der Geist eures Vaters wird durch euch reden." (Matthäus 10,19.20.)

So gesehen, können wir zu Großem fähig sein. Wenn wir uns selbst zurücknehmen und es Gott ermöglichen, durch seinen Geist etwas zu tun, dann trägt Gott dafür das Risiko. Er selbst übernimmt durch uns die wichtige und behutsame Arbeit, einen Menschen innerlich zu öffnen, was allein durch unser Zutun nie geschehen wäre. Zurechtbringen und Heilen – diese Arbeit ist oft begleitet von Schmerz und Frustration. Es ist so ähnlich wie bei einer Geburt, wenn neues Leben sich ankündigt. Hier geht es um das neue Leben mit Jesus Christus. Liebe und Wahrheit können wirken wie ein Skalpell in der Hand des Chirurgen; der aber gebraucht es einzig und allein mit dem Wunsch, Besserung, ja Heilung zu bringen.

Gern sind wir bereit, andere Leute liebevoll zu behandeln, aber wir scheuen davor zurück, ihnen die Wahrheit zu sagen. Oder aber wir sind bereit, die Wahrheit zu sagen, aber es geht dabei sehr lieblos zu. Dann wirken unsere Worte vernichtend. Wirken wir mit Gott zusammen, dann können wir die Wahrheit in Liebe aussprechen. Wo das geschieht, sind Wunder möglich.

LIEBE

wählt immer den kürzesten Weg.
Der kürzeste Weg heißt: hin zu dem,
der scheinbar oder offenbar Unrecht getan hat.
Liebe kann es kaum erwarten,
daß zerbrochene Verhältnisse wieder zurecht kommen
und heil werden.

13
LIEBE
MACHT SICH NICHTS VOR

„Bekennet einander eure Verfehlungen."

Es war während meines Theologiestudiums. Zu einem Seminar gehörte es, eine bestimmte Kirche in Chicago zu besuchen und an einem Gottesdienst teilzunehmen. Diese Kirche liegt in einem anrüchigen Stadtteil Chicagos. Meine Kommilitonen und ich saßen alle in einer Reihe. Wir beobachteten, wie sich die Kirche mehr und mehr füllte. Da saßen sie alle – Menschen, die völlig auf den Hund gekommen waren. Mittendrin wir christlichen Theologiestudenten mit unseren sauberen Gesichtern, gut angezogen und ordentlich gekämmt, nach After Shave und Haarwasser duftend. Uns erfüllte ein frommes Mitleid mit unserer Umgebung.

Nie zuvor hatte ich einen solch bunt zusammengewürfelten Haufen von Menschen gesehen. Menschen, wie man sie selten zu Gesicht bekommt. Ich wurde an Bibeltexte erinnert, in denen vom Speisen der Hungrigen und vom Kleiden der Nackten gesprochen wird. Hier waren sie alle – Alkoholiker und Rauschgiftsüchtige, Prostituierte, Landstreicher und Penner.

Ein schlichter Mann in einem leicht zerknitterten und nicht mehr sehr modischen Anzug stand vorn und hielt eine Predigt. In ihrer Eintönigkeit war sie für mich kaum erträglich. Meine Gedanken schweiften ab, meine Augen wanderten durch den Raum. Ich hörte erst wieder zu, als er einige Worte aus der Bibel vorlas, die er seinen Zuhörern an diesem Tag besonders eindringlich machen wollte: „Wir hatten uns alle verirrt wie Schafe." (Jesaja 53,6.) Ich stieß meinen Nebenmann an und zog die Augenbrauen hoch. Er nickte mit dem Kopf als Zeichen der Zustimmung. Auch er war offensichtlich überzeugt, daß so etwas in dieser Versammlung ruhig einmal gesagt werden könne. Ich flüsterte ihm zu: „Die Wahrheit kann ihm nicht schaden."

„Jeder ging für sich seinen Weg", fuhr der Prediger fort und bestärkte mich in meiner Ansicht über die menschliche Verkommenheit, von der ich umgeben war.

„Alle haben gesündigt und die Herrlichkeit Gottes verloren." (Römer 3,23.) Genau, dachte ich. Und als der Prediger dann seine Stimme wieder dämpfte, fingen meine Gedanken wieder an zu wandern.

Als der Gottesdienst zu Ende war, machten wir noch einen kurzen Rundgang durch die verschiedenen Einrichtungen dieser Kirche und wandten uns dann zum Gehen. Unter der Tür meinte einer meiner Kommilitonen: „Ich glaube, es ist besser, wenn man die Arbeit an solchen Leuten Spezialisten überläßt." – „Ein Glück!" sagte ich schnell, und adrett frisierte Köpfe nickten zustimmend.

Am Abend ging ich zufrieden daran, die Beobachtungen dieses Tages in meinen Seminarbericht einzutragen.

Ich machte noch einiges fertig für den nächsten Tag und freute mich, nach einem langen Tag endlich in mein Bett kriechen zu können. Aber ich konnte nicht so schnell einschlafen. Die Worte des Missionspredigers, der mich so wenig beeindruckt hatte, gingen mir durch den Sinn: „Wir hatten uns alle verirrt wie Schafe." „Alle haben gesündigt und die Herrlichkeit Gottes verloren." Jetzt erinnerte ich mich, daß der Prediger auch in unsere Richtung schaute, als er sagte: „Das trifft auf jeden zu, der heute in diesem Raum sitzt." Ich dachte daran, wie sehr mich das amüsiert hatte, und ich fragte mich, ob ihm denn keiner gesagt hatte, daß heute eine Gruppe von Theologiestudenten anwesend sei. Schließlich sank ich in einen unruhigen Schlaf.

Es war eigenartig in den nächsten Tagen: Ich konnte die Worte dieser Predigt nicht mehr loswerden. Immer wieder drängten sie sich in mein Bewußtsein. Sie mußten sich mühsam vorarbeiten durch die aufeinander gehäuften Schichten meines Ich. Bis ich reif war und mich der Wirkung dieser Worte nicht mehr entziehen konnte. Ganz klar lag mir eine Tatsache vor Augen, die ich vorher nie zugegeben hatte: Alle haben gesündigt – auch ich!

Meine überhebliche Selbstzufriedenheit wurde durch das volle Gewicht dieser Einsicht erschüttert. Ich kam dazu, mich zu sehen, wie ich wirklich war – egoistisch und überheblich, unaufrichtig und aggressiv, lieblos, ekelhaft und aufgeblasen. Wenn stimmt, was in der Bibel steht, war ich verloren.

Diese Einsicht brachte eine Veränderung. Zum ersten Mal sprach ich mit Gott in einer Aufrichtigkeit, die mir bisher gefehlt hatte. Als ich mich selbst erkannte, wie ich wirklich war, blieb mir nur eine Möglichkeit: Ich mußte meine völlige Verlorenheit und Erbärmlichkeit vor Gott aussprechen. Ich mußte sie ihm bekennen. Alles wurde dadurch anders!

Bevor das geschah, war Jesus Christus in meinem Leben nur eine dekorative Randfigur. Natürlich, ich hatte meine theologische Überzeugung; ich ging davon aus, daß ich auf der Basis der Gebote Gottes lebte, daß ich mir die Maßstäbe meiner Kirche zu eigen gemacht hatte, und daß mein Dienst für Gott mich mit ihm ins reine bringen, mich retten würde. Aber für mein eigentliches Leben als Mensch und als Christ hatte das alles kaum Bedeutung. Im Gegenteil: Dies alles stand als trennende Barriere zwischen Christus und mir. Ich ließ ihn einen guten Mann sein, weil ich ja etwas für ihn tat. Irgendwo hatte sich bei mir der Eindruck festgesetzt, meine Leistung für ihn würde Gott veranlassen, mich höher einzustufen als gewöhnliche Leute. Erschien ich mir doch außerdem in meiner Arbeit zuverlässig und gewissenhaft.

Gott mußte mich packen, um mir meine ganze Erbärmlichkeit kräftig unter die Nase zu reiben. Mit dem Gottesdienst in einer schlechten Gesellschaft hatte alles angefangen. Bis ich begreifen lernte, daß ich zu dieser Gesellschaft gehörte, weil ich wie die Landstreicher und Drogenabhängigen ein Verlorener war.

Es fiel mir wie Schuppen von den Augen, daß weder mein korrektes Äußeres noch meine Bereitschaft zum Dienst mich zu einem besseren Menschen machen würde. Ich stand in Wirklichkeit auf einer Stufe mit Dieben, Prostituierten und Pennern. Meine modischen Anzüge, die inneren und äußeren Bügelfalten erwiesen sich letzten Endes als Lumpen. Ich hatte gelernt, daß ich in den Augen Gottes, dem ich nichts vormachen konnte, ein erbärmlicher Kerl war, obwohl, ja gerade weil ich mich immer so sehr bemüht hatte, nach außen gute Wirkung zu erzielen.

Es war richtig befreiend, als ich vor Gott rückhaltlos aussprach, wer ich in Wirklichkeit bin. Ich bekannte ihm das im Vertrauen auf seine unbeschreibliche Güte und Nachsicht. Ich wußte jetzt, wie sehr ich seine Vergebung nötig hatte. Ich war genauso darauf angewiesen wie die nach außen hin verkommen wirkende Gesellschaft, auf die ich überheblich herabgeschaut hatte. Ich brauche Jesus Christus als Erretter genauso wie jene Typen. Vor allem erkannte ich klar, daß ich ihnen um nichts überlegen war.

Wer als guter Bürger, vielleicht sogar als Christ, ein ordentliches und geregeltes Leben führt, der vergißt leicht, daß er damit auf Gott keinen Eindruck macht. Man muß sich das selbst immer wieder eingestehen; man sollte es vor anderen aussprechen, und vor allem: Man muß es Gott gegenüber bekennen.

Es ist mir unvergeßlich, wie ich zum ersten Mal ein Treffen der Anonymen Alkoholiker besuchte. Ein Mann, der in der Gesellschaft Rang und Namen hatte und den ich wegen seiner Sozialarbeit gut kannte, stand auf und stellte sich vor. Nie werde ich den Schock vergessen, den sein Bekenntnis in mir auslöste. „Ich bin Herbert", sagte er, „ich bin Alkoholiker."

Alles in mir rebellierte gegen dieses Bekenntnis. Ich war drauf und dran zu sagen, daß das nicht wahr sei. Ich fühlte mich verpflichtet, der Runde etwas über seine menschlichen Qualitäten mitzuteilen. Wußte ich doch genau, daß er seit Jahren keinen Schluck Alkohol mehr getrunken hatte. Ihm selbst wollte ich sagen, daß er sich nicht in dieser Art und Weise herabsetzen dürfe.

Herbert fuhr fort. In aller Ruhe erzählte er der Gruppe, daß er nur von einem Augenblick zum anderen und von einem Tag zum andern nüchtern bleiben könne. Und zwar nur deshalb, weil er sich mit Gott eingelassen habe und er dabei bleiben wolle. Er äußerte die Überzeugung, daß er sich selbst nie wieder trauen könne, auch nicht nach den vielen Jahren des erfolgreichen Kampfes gegen den Alkohol. Seinen Anlagen nach sei und bleibe er Alkoholiker.

Hinterher sprachen wir miteinander. Herbert erklärte mir, daß er nur durch ehrliches Zugeben seiner Schwäche anderen gegenüber an seinem Sieg über den Alkohol festhalten könne, und sein Bekenntnis auch denen helfe, die mit dem gleichen Problem zu kämpfen haben.

Ich habe seitdem oft darüber nachgedacht. Es war für mich beeindruckend, wie dieser Mann ohne Scham seinem Zustand und seinem Problem ins Auge sah. Die Anonymen Alkoholiker haben vielen Menschen grundlegend geholfen. Ich kenne viele, die wie Herbert dieser Gruppe angehören, nicht nur, weil sie Hilfe suchen für sich selbst, sondern weil sie auch anderen helfen wollen. Durch ihre Aufrichtigkeit und ihre Aufgeschlossenheit strecken sie anderen ihre Hand entgegen und helfen diesen oft so verlorenen Kämpfern.

Es ist kaum auszudenken, wenn man dieses Bild auf andere gesellschaftliche Bereiche zu übertragen versucht. Man stelle sich zum Beispiel einen Gottesdienst vor: traditionelle Formen mit Singen, Beten und Predigen. Plötzlich steht der Gemeindeleiter auf, stellt sich vor und bekennt der Gemeinde, was in seinem Leben nicht in Ordnung ist. Es ist lange her, seit es in christlichen Versammlungen üblich war, sich gegenseitig Fehler, Verkehrtheiten und Schuld einzugestehen. Wenn das heute noch gang und gäbe wäre, dann würden wahrscheinlich viele den Zündschlüssel ihres Autos nicht mehr finden, ausgerechnet in dem Augenblick, da sie zum Gottesdienst losfahren wollen. Sich gegenseitig Sünden zu bekennen – diese Vorstellung ist uns weder vertraut noch sehr angenehm. In der Bibel lesen wir, wie es am Anfang der Christenheit war: „Bekennt einander eure Sünden und betet füreinander, damit ihr geheilt werdet." (Jakobus 5,16.)

Bekennen ist schwer. Ein Bekenntnis stößt bis in die tiefsten Schichten unseres Ich vor. Bekennen verletzt. Verkehrte Verhaltensweisen werden unter innerem Protest Stück für Stück ans Tageslicht geholt. Keiner hat das gern. Das verletzt unseren Stolz und ramponiert vielleicht unseren Ruf. Warum es uns dennoch nicht schwerfallen sollte? Weil jedes Bekenntnis ein Zeichen dafür ist, daß wir aufgehört haben, uns etwas vorzumachen über uns selbst. Wir sind dabei, uns zu sehen, wie wir wirklich sind.

Mit der Möglichkeit des Bekennens gibt uns Gott eine äußerst hilfreiche Einrichtung mit auf den Weg. Gott wünscht klare Verhältnisse zwischen sich und uns. Er selbst weiß ja ohnehin über uns Bescheid. Was sollte uns noch veranlassen, anderen etwas vorzumachen? Daß Gott uns vergeben hat, erleben wir ja erst, wenn wir zum

Bekenntnis bereit sind. Wer das begriffen hat, kann und will ohne die Vergebung Gottes keinen Augenblick mehr leben. Gott kann uns nicht annehmen und uns nicht vergeben, wenn wir das zurückweisen. Und wir weisen ihn zurück, wenn wir nicht bekennen.

Unsere Liebesverbindung mit Gott lebt vom ständigen Austausch des Bekennens und des Vergebens. Mit unseren zwischenmenschlichen Beziehungen verhält es sich genauso. So wie das Bekenntnis unserer Fehler Gottes Vergebung erschließt, so werden auch Menschen untereinander zur Vergebung veranlaßt, wo Fehler eingestanden werden.

Ein Bekenntnis ist keine Formsache. Gott will nicht nur hören, daß uns leid tut, was vorgefallen ist. Es geht gar nicht so sehr um das Fünfmarkstück, das ein Fünfzehnjähriger mitgehen ließ; auch nicht um ein scharfes Wort, das in einer Auseinandersetzung gefallen ist. Bei einem echten Bekenntnis hat man Gott mehr zu sagen. Man wird ihm vor allem eingestehen, daß die Neigung zur Verkehrtheit, zur Sünde, ständig da ist. Die Sache kann wie der Alkoholismus nur in ständiger Lebensgemeinschaft mit Jesus Christus von einem Augenblick zum anderen und von einem Tag zum anderen bewältigt werden.

Gegenseitiges Bekennen setzt das Signal dafür, daß wir aufgehört haben, uns etwas vorzumachen. Viele werden mit ihrer Schuld nicht fertig, weil sie inmitten allgemeinen Wohlverhaltens den Eindruck gewinnen, sie seien die einzigen, die sich auf falschem Kurs befinden. Wie viel sogenanntes Wohlverhalten ist pure Heuchelei? Wenn wir das erst einmal erkannt haben und uns vor Augen halten, dann kann ein Bekenntnis unser Verhältnis zu anderen Menschen völlig erneuern und vertiefen. Und vielleicht gewinnt dann das Bekenntnis auch im Gottesdienst der Christen neue Bedeutung.

Damit wir uns nicht falsch verstehen: Echtes Christsein besteht nicht darin, daß wir vor jedem beliebigen Menschen unser Inneres nach außen kehren. Es bringt auch nichts, wenn wir in der Öffentlichkeit alles aussprechen, was wir in unserem Leben als Schuld empfinden. Damit wird einem Kreis von Menschen nicht nur nicht geholfen, viele wären damit hoffnungslos überfordert. In jedem Gespräch, das nicht unter vier Augen geführt wird, sollten wir lediglich zum Ausdruck bringen, wieviel Egoismus in uns steckt, wie oft wir gegen besseres Wissen handeln und lieblos mit anderen umgehen. Und selbstverständlich werden wir im größeren Kreis das aussprechen, was an Problemen öffentlich bekannt wurde und woran wir selber beteiligt waren. Es ist etwas ganz Großes, wenn wir durch solches Bekenntnis Befreiung und Hilfe finden. Damit wird auch der Weg frei, daß wir mit Gott gemeinsam über alles sprechen, was einem Kreis von Menschen zu schaffen macht.

Neben dem Bekenntnis vor Gott allein und dem bekennenden Gespräch im größeren Kreis gibt es auch das Bekenntnis unter vier Augen. Jesus beschreibt das so: „Wenn du deine Opfergabe bringst und dir dabei einfällt, daß dein Bruder etwas gegen dich hat, so laß deine Gabe liegen; geh und versöhne dich zuerst mit deinem Bruder, dann komm und opfere deine Gabe." (Matthäus 5,23.24.) Unsere guten Taten sind also für Gott solange bedeutungslos, bis alle Dinge zwischen uns und anderen

Menschen in Ordnung sind. Gott will, daß wir Unrecht unter vier Augen wieder bereinigen. Bekennen soll wieder ein unverzichtbarer Teil unseres Lebens werden. Seelische, geistige und körperliche Heilung wird die Folge sein.

Die große Zahl depressiver Menschen könnte in einem ursächlichen Zusammenhang damit stehen, daß wir uns das Bekenntnis weithin abgewöhnt haben. In der Gesellschaft, ja bis weit hinein in die Kirchen, haben wir eine Atmosphäre geschaffen, in der man sich Offenheit und Aufrichtigkeit kaum mehr leisten kann. Erst wenn wir mit dem ganzen Theaterspiel aufhören und wieder anfangen, unsere Nöte aufrichtig zuzugeben, zu unseren Fehlern zu stehen, um sie gemeinsam zu überwinden – erst dann wird sich das ändern.

Es ist keine überspannte Idee, sich seine Schuld gegenseitig einzugestehen. Das hat auch nichts zu tun mit gefühlsbetonter Seelenwäsche. Richtig praktiziert, kann Bekennen das sein, wozu Gott es vorgesehen hat: eine dynamische Heilkraft. Das Bekenntnis schafft eine Atmosphäre, die sich auf alle unsere Lebensgebiete fruchtbar und heilend auswirkt.

Vielleicht hilft es uns auch in dieser Hinsicht, von Jesus Christus zu lernen. Er sprach ganz offen über die schweren Versuchungen, denen er ausgesetzt war. Unmittelbar vor seinem Kreuzestod, als sich die ganze Schuld der Welt auf ihn legte und ihn zu erdrücken drohte, bekannte Jesus, wie schwach und verwundbar er war. Er war fast am Ende. Seine Not war so stark, daß er sie allein nicht durchstehen konnte. Er bat seine engsten Freunde um Unterstützung. „Und er nahm Petrus und die beiden

Söhne des Zebedäus mit sich, da ergriff ihn Angst und Traurigkeit, und er sagte zu ihnen: Meine Seele ist zu Tode betrübt; bleibt hier und wacht mit mir!" (Matthäus 26,37.38.) Jesus hatte Angst. Er fühlte sich von dem, was ihm bevorstand, überfordert. Im Gespräch mit seinem Vater bat er darum, die Last von ihm zu nehmen, wenn das irgend möglich wäre.

Jesus war der einzige, der vor Gott und Menschen keine persönliche Schuld zuzugeben hatte. Dennoch hat er das Prinzip des Bekenntnisses aufrichtig vorgelebt. Nicht im geringsten war er darauf aus, sich selbst und den anderen etwas vorzumachen. Er war abhängig von Gott und wollte es bleiben.

Heuchelei ist Gott zuwider. Ebenso Leute, die nach außen den Eindruck erwecken, als wären sie die besten Staatsbürger und Christen, obwohl in ihrem Leben vieles nicht in Ordnung ist. In seiner Bergpredigt bezeichnet Jesus die Aufrichtigkeit als eine der wichtigsten Tugenden. Gott will uns helfen, ohne Heuchelei zu leben. Wir sollen aufhören damit, besser oder anders erscheinen zu wollen, als wir in Wirklichkeit sind.

Gott will uns dahin führen, daß wir uns die Wahrheit über uns selbst eingestehen. Viele Menschen sind dafür nicht zu haben. Sie werden nie bereit sein, ihre Schuld zu bekennen. So werden sie auch nie das Bedürfnis empfinden, einen zu brauchen, der sie rettet. Andere waren darauf ansprechbar und folgten Jesus Christus nach. Viele Menschen verbauen sich das ganze Leben, weil sie Illusionen über sich selbst pflegen, nur weil sie in den Augen anderer nicht in ein schiefes Licht geraten wollen. Sie fürchten um ihren guten Ruf und meinen, alle Welt würde sich von ihnen distanzieren, wenn erst einmal bekannt wird, wer sie in Wirklichkeit sind. Darum vertrauen sie niemandem die Wahrheit an über sich selbst, auch nicht Gott. Wie tragisch das doch ist! Selbstgerechtigkeit und Heuchelei sind in Wirklichkeit der irregeleitete Wunsch nach Liebe und Anerkennung. Jeder Mensch will geliebt sein. Um das zu erreichen, ist er beinahe zu allem bereit, einschließlich der Vorspiegelung falscher Tatsachen. Darum gibt man vor, zu sein, was man nicht ist.

Wer dieser Selbsttäuschung zum Opfer fällt – in der Gefahr dazu steht jeder –, dem ist nicht damit geholfen, wenn wir ihm das mit erhobenem Zeigefinger vorhalten. Er setzt sich sonst um so mehr selbst unter Druck und gerät in einen Teufelskreis, dem er nur schwer wieder entkommen kann. Statt dessen sollten wir liebevoll auf ihn zugehen und es ihm leichtmachen, sich so zu geben, wie er wirklich ist.

Der größte Fortschritt, den ein Mensch erleben kann, besteht darin, frei, offen und aufrichtig zu sein. Diese Möglichkeit steht jedem offen. Für einen echten Christen beruht sie auf dem Wissen, daß Gott ihn angenommen hat, so wie er ist. Wer das erlebt hat, kann sich selbst und andere genauso annehmen. Diese innere Freiheit, ich selbst sein zu können, ist eine der großartigsten Gaben, die Gott mir schenkt. Ich brauche nicht mehr Theater zu spielen für andere, um ihnen zu beweisen, daß ich etwas bin, was ich doch in Wirklichkeit nicht bin – denn in Christus zu sein ist alles, was ich brauche.

Wer die Wahrheit über sich selbst nicht wahrhaben will und sie nicht bekennen kann, ist ein Sklave, der unter der

Last seiner Lüge durchs Leben schwankt. Kein Wunder, daß die Bibel sagt: Bekennen bringt Heilung! Wenn ein Mensch sein Leben vor Gott ausbreitet, erlebt er Befreiung durch Gottes Liebe und Vergebung. Sein Vertrauensverhältnis zu Gott wird mit jedem Tag fester. Wenn einer in der menschlichen Gesellschaft aufrichtig sein kann, seinen Zustand nicht beschönigt und über seine Probleme offen sprechen kann, dann hat er eine solide Grundlage für Heilung und Wachstum in seinen Beziehungen zu anderen Menschen.

Die Freiheit, zu sein wer man ist, ist für jede Beziehung unverzichtbar. Gegenseitiges Bekennen, Vertrauen, geteilte Freuden und geteiltes Leid lassen Menschen enger zusammenrücken. Durch diese Offenheit entsteht eine Atmosphäre, in welcher der Geist Gottes etwas ausrichten kann. Er will ja, daß Menschen Gemeinschaft untereinander haben und daß sie sich miteinander an Gott halten. Das Bekenntnis war von jeher der Anfang zur Erneuerung echten christlichen Lebens.

Es ist fast wie ein Naturgesetz, das der Schöpfer im Leben verankert hat, daß Aufrichtigkeit und offenes Bekenntnis auf kürzestem Weg Liebe, Zusammenhalt, Einheit und Gemeinschaft hervorrufen. Wo Offenheit fehlt, dort fehlt es auch an Liebe. Und wo man den anderen nicht liebt, kann man ihm gegenüber auch nicht offen sein.

Im Lebensbild des Apostels Paulus werden diese Züge besonders sichtbar. Sein Leben war offen und einsichtig für jedermann. Er gab sich überhaupt keine Mühe, seine persönlichen Probleme, seine Schwächen und schon gar nicht seine Vergangenheit zu verbergen. Dieser Mann ist angesehen als der hervorragende Schreiber unter allen Autoren des Neuen Testamentes, als unübertroffener Theologe und dynamischer Missionar. Freimütig und offen bekennt er in einem Brief an seinen jungen Mitarbeiter Timotheus: „Christus Jesus ist in die Welt gekommen, um die Sünder zu retten. Von ihnen bin ich der erste." (1. Timotheus 1,15.)

Man muß zugeben: Das Christentum hat in unserer Welt viel von seiner ursprünglichen Anziehungskraft eingebüßt. Vielleicht geht dieser Verlust Hand in Hand mit dem Verlust äußerster Aufrichtigkeit der Christen untereinander. Viele Menschen, die haltlos und hoffnungslos durchs Leben gehen, werden von der Gemeinschaft der Christen wieder angezogen werden, wenn Aufrichtigkeit eines ihrer wichtigsten Kennzeichen sein wird. Danach sucht der Mensch heute innerhalb und außerhalb der Kirche. Viele sind müde geworden, weil sie alles mögliche ausprobiert haben. Jeder Mensch braucht eine Atmosphäre, in der er sich frei und sicher fühlen kann, wo er es sich leisten kann, er selbst zu sein.

Die Bibel ist für offene Verhältnisse. Darum verschweigt sie auch nicht die Fehler und Schwächen der Männer und Frauen, über die sie berichtet. Ihre Bekenntnisse wurden nicht nur vor Gott und ihren Zeitgenossen ausgesprochen; ihr Versagen wird der Nachwelt genauso überliefert wie das, was sie an Großem geleistet haben.

Wie gut, daß sie sich dafür entschieden haben, weder sich selbst noch uns etwas vorzumachen. Ihre Offenheit und ihr Mut zum Bekenntnis zeigen auch uns heute den Weg zur Heilung.

LIEBE
will klare Verhältnisse.
Sie hat es nicht nötig, sich und anderen etwas vorzumachen.
Sie kann es sich leisten, offen zu sein.

14
LIEBE LEBT VON GEMEINSCHAFT

„Gemeinschaft ist das sichtbare Zeichen, daß wir im hellen Licht leben."

Hat das Christentum noch Existenzberechtigung? Oft wurde diese Frage gestellt. Ein Ja oder Nein hängt davon ab, ob es den Christen gelingt, in unserer Welt Jesus Christus als den Sohn Gottes bekannt zu machen oder nicht. Wenn Christen damit aufhören, wäre Jesus Christus vergeblich geopfert worden, wäre er umsonst auferstanden.

Als Jesus Christus Mensch wurde, stand auch er einer höchst kritischen Welt gegenüber. Wie konnte er seine Ziele verständlich machen – und das in der kurzen Zeit von gut drei Jahren?

Zunächst berief er zwölf seiner engsten Freunde als seine Mitarbeiter. An Ausbildung hatten sie nicht viel vorzuweisen. In dieser Gruppe waren verschiedene Persönlichkeiten mit sehr gegensätzlichen Interessen. Aus unserer Sicht eine recht zweifelhafte Methode, um sich einer Herausforderung ungeahnten Ausmaßes zu stellen, wie das von Jesus Christus erwartet wurde.

Durch ihn sollten Menschen nicht nur den Weg zu Gott finden; sie sollten auch davon überzeugt werden, daß er von Gott gesandt war. Was läge näher, als diesen Beweis durch einige spektakuläre Wunder anzutreten. Jesus vollbrachte denn auch tatsächlich Dinge, für die unser Verstand keine Erklärung findet. Schauwunder jedoch lehnte er entschieden ab. Wenn Jesus Christus auf wunderhafte Weise wirkte, dann immer, weil er menschliche Nöte beseitigen wollte, nicht um sich selbst zu beweisen. Übernatürliche Taten waren dem Volk Israel seit Jahrhunderten bekannt. Sie waren jedoch nicht imstande, Aufruhr und Unglauben zu verhindern. Jesus Christus wußte genau, daß ihm Wunder großen Beifall und manchen Augenblickserfolg einbringen konnten. Er wußte ebenso, daß dies nicht genügte, um ihn als Erretter der Menschheit anzunehmen.

Jesus hätte auch eindrucksvoll über die Wahrheit diskutieren können. Seine Logik wäre sehr überzeugend gewesen, seinen Argumenten hätte sich kaum jemand verschließen können; aber ihm war klar, daß ein Mensch sein Leben nicht deshalb ändert, weil er einen richtigen Lehrsatz begriffen hat. Der Sohn Gottes durfte sich nicht auf Wunder und Logik beschränken, um den Abgrund zwischen Gott und der Menschheit zu überbrücken. Gott wollte nicht den Verstand überzeugen, sondern Herzen gewinnen.

Wie er das gemacht hat? Indem er Jesus Christus, seinen Sohn, in die Welt sandte. Dort sollte er eine Gemeinschaft von Menschen gründen, die sich allein von der Liebe leiten ließe. Eine Gemeinschaft sollte das sein, wie es zuvor nie eine gegeben hatte.

Gott ist Liebe: „Also hat Gott die Welt geliebt, daß er seinen eingeborenen Sohn gab, auf daß alle, die an ihn glauben, nicht verloren werden, sondern das ewige Leben haben." (Johannes 3,16, Luther.)

Gott wirkt durch Liebe. Er schlägt uns vor, den gleichen Weg einzuschlagen, auf dem er uns Menschen erreicht hat. Was Gott uns auf diesem Weg vermitteln will, begann mit einer kleinen Gemeinschaft von zwölf Männern.

Natürlich wollte Jesus dabei nicht stehenbleiben. Er hatte eine ganze Welt zu gewinnen. Um die Vielen zu erreichen, setzte er zunächst alles daran, einigen wenigen die Liebe Gottes begreiflich zu machen.

Jesus ging damit ein hohes Risiko ein. Seine eigene Glaubwürdigkeit und der Erfolg seiner Mission für die ganze Menschheit hing davon ab, ob seine Jünger bereit wären, eine echte Liebesgemeinschaft zu bilden. Einheit und Liebe sollten seine Nachfolger für alle Zeiten kennzeichnen. Darin, und nicht in großen Schauwundern, sah Jesus den echten Beweis für die Welt, daß Gott Mensch wurde, daß er seine Liebe ein für alle Mal vorgelebt hat, um die Menscheit zu erlösen. Diese Fragen bewegten ihn, solange er lebte. Kurz vor seinem Tode sprach er darüber mit seinem Vater im Himmel: „Alle sollen eins sein: Wie du, Vater, in mir bist und ich in dir bin, sollen auch sie in uns sein, damit die Welt glaubt, daß du mich gesandt hast." (Johannes 17,21.)

Jesus wußte genau, daß skeptische Menschen dem Evangelium erst dann vertrauen würden, wenn sie an den Christen sehen und erleben könnten, was das Evangelium auszurichten vermag. Die Welt läßt sich nicht gewinnen von Leuten, die sich von ihr nur äußerlich unterscheiden. Wiederum ist es Liebe, die eine entwaffnende Anziehungskraft besitzt. Diese Liebe Gottes sollte sichtbar werden in einer Gemeinschaft von Menschen, die einig sind untereinander, die sich selbstlos um andere kümmern und die über etwas verfügen, was sie nicht von sich aus besitzen. Liebe – das Kennzeichen echter Christen. Wer Jesus Christus nachfolgt, ist ein liebender Mensch; wem diese Liebe fehlt, der gehört Jesus Christus nicht an.

Die Welt läßt sich nicht durch Argumente vom Christentum überzeugen, sondern durch Liebe: „Daran wird jedermann erkennen, daß ihr meine Jünger seid: wenn ihr einander liebt." (Johannes 13,35, Luther.)

Jesus hatte eine große Vision. Der kleine Kreis seiner Jünger sollte sich ausweiten zu einem attraktiven und unwiderstehlichen Beweis für die Welt, daß Gott Liebe ist. Und daß seine Liebe auch im menschlichen Leben zu einer bewegenden Kraft werden kann. Christus bringt seinen Nachfolgern großes Vertrauen entgegen: Sie sollen die Wahrheit des Evangeliums und die Wahrhaftigkeit des Sohnes Gottes durch Liebe beweisen.

Es ist Christus nicht gleichgültig, was Christen aus dem machen, was ihr Herr begonnen hat. Sich nur nach seinem Namen zu nennen, das wäre zu wenig. Jesus setzte sein Leben nicht ein, um dann die kleine Gruppe von Christen sich selbst zu überlassen. Er liebt sie, damit sie Liebe weitergeben können; er ist eins mit seinem Vater im Himmel, damit auch sie eins sein können untereinander.

Hat Jesus Christus sein Ziel erreicht? Wird sein Gebet um Einheit durch das Leben der Christen in unserer Generation positiv beantwortet?

Ganz sicher zuwenig! Noch immer leidet das Christentum und leidet die Welt unter Verarmung an Liebe. Einheit und Gemeinschaft sind nicht so, wie Jesus Christus sich das vorgestellt hatte. Nichts braucht die Welt heute so sehr wie eine Demonstration der Liebe Gottes durch Menschen wie du und ich.

War also diese Art von Gemeinschaft ein Traum, eine Illusion? Wird sie je Wirklichkeit werden? Wenn ja, was können wir selbst dazu beitragen? Sollen wir die Hände in den Schoß legen und warten, daß Gott noch einmal etwas Besonderes tut?

Was von Gottes Seite aus zu tun ist, hat Jesus Christus getan. Jetzt kommt alles darauf an, ob und wie wir antworten. Es liegt in unserer Verantwortung, eine Atmosphäre als Voraussetzung dafür zu schaffen, daß sich eine von Liebe getragene Gemeinschaft entwickeln kann. „Gott gibt den Wind; wir müssen die Segel setzen." Gott gibt den Inhalt; die Gefäße müssen wir bereitstellen. Gott zündet das Feuer an, aber wir sind dafür verantwortlich, daß die Kerzen da sind.

Was sind die Voraussetzungen für echte Gemeinschaft? Gemeinschaft, wie Gott sie schenkt, ist nicht auf Masse angewiesen, im Gegenteil. Gemeinschaft entsteht, wenn Menschen zwanglos in kleinen Gruppengemeinschaften zusammenkommen. Gott benutzt die natürliche Kraft der Gruppengemeinschaft, um Menschen zu befreien, zu verändern und aufzuschließen. Die Welt kann nicht anders werden, wenn Menschen sich nicht ändern. Eine kleine Gruppe ist die Zelle, in der sich Menschen ändern, um die Welt zu verändern.

In der kleinen Gruppe entdecken wir, daß Christentum keine Religion ist. Echtes Christentum ist Leben. Es macht uns frei und läßt uns aufrichtig sein vor uns selbst. Es ist das Leben, in dem wir einander annehmen und lieben können, weil der lebendige Christus im Mittelpunkt steht. Er lebt für uns und für die Welt.

Christus fing an mit jener Gruppe von zwölf Männern. Damit setzte er endgültig und unvergeßlich auf die dynamische Wirkung einer Gruppe, die sich von Jesus Christus bestimmen läßt. Wo er gegenwärtig ist, können Dinge geschehen, die keiner für möglich gehalten hätte. „Denn wo zwei oder drei in meinem Namen versammelt sind, da bin ich mitten unter ihnen." (Matthäus 18,20.)

Auch der Apostel Paulus erwartete von Christen, daß sie zusammenhalten. In der Gemeinschaft sollen sie einander Kraft und Hilfe geben: „Einer trage des anderen Last!" (Galater 6,2.) Es ist ein Grundprinzip des Evangeliums: Gott vertröstet uns nicht auf ein besseres Jenseits. Er verkündigt zwar das kommende Reich Gottes, macht aber deutlich, daß dieses Gottesreich schon heute und hier beginnen soll: in der liebenden Gemeinschaft, die Menschen miteinander verbindet.

Es ist erstaunlich, wie oft im Neuen Testament neben großen Versammlungen kleine Gruppen und Hauskreise erwähnt werden und wozu diese Lebenszellen fähig sein können. Sollte dieses Prinzip nur in der Vergangenheit richtig gewesen sein? Keineswegs. Die Dynamik christlicher Gemeinschaft ist auch heute noch Realität. Es ist eine Tragik, daß heute fast alle christlichen Kirchen die großartige Möglichkeit vernachlässigt haben und statt dessen formale Steifheit vorziehen. Hierin liegt einer der Hauptgründe, warum das Christentum die Einheit verloren und seine Bewegung eingebüßt hat. Weil das Prinzip der kleinen Gruppe fast völlig aufgegeben wurde, sind besonders junge Menschen in ihrem Vertrauen zur Kirche enttäuscht worden. Viele wagen nicht mehr daran zu glauben, daß sie in den Kirchen wieder jene ursprüngliche Lebenskraft finden werden, die sie so sehr vermissen.

Gehen wir doch daran, auch diese Art von Gruppengemeinschaft neu zu beleben. Wir werden dann völlig neue Dimensionen eines kraftvollen Christentums erleben; und wir werden jene Liebe entdecken, die jeder christlichen Bewegung ihre Kraft gibt. Wie korrekt die Theologie einer Kirche auch sein mag, wie funktional und aktiv ihre Organisation aufgebaut ist – ist sie keine liebende Gemeinschaft, kann sie nichts ausrichten.

Die alte Idee der kleinen Kreise geht heute wie ein gewaltiger Ruck durchs Christentum. Männer und Frauen aller Schichten und Berufe, die mehr Liebe und Gemeinschaft suchen, als sie bisher gefunden haben, finden sich während der Woche und neben dem gewohnten Gottesdienst in Gruppen zusammen. Eine Frau schreibt: „Diese Gruppen sind das aufregendste Erlebnis in meinem Leben, seit ich Christ bin. Wir haben erfahren, wie sich das Leben von Menschen geändert hat. Die Auswirkungen sind überhaupt nicht abzusehen." In seinem Jünger Johannes hatte Jesus einen seiner engsten Freunde. Er hatte offenbar begriffen, was Jesus gemeint hat: „Wenn wir im Licht leben, wie Gott im Licht ist, haben wir Gemeinschaft miteinander." (1. Johannes 1,7.)

Gottes Liebe ausleben – das kann man nicht allein! Dazu brauchen wir die Gemeinschaft mit anderen. Gemeinschaft – das ist mehr, als einen gepolsterten Kirchenstuhl eine Stunde in der Woche in einem formalen Gottesdienst zu besetzen. Natürlich ist es für viele bequem und angenehm, sich in einem Gottesdienst bedienen zu lassen. Nur wenige engagieren sich, kaum einer riskiert etwas. Das hat aber den entscheidenden Nachteil, dem Konzept der Bibel völlig fremd zu sein. Biblisches Christentum lebt davon, daß jeder Christ sich engagiert, daß einer dem anderen dient und hilft.

Der eigentliche christliche Gottesdienst findet während der Woche statt. Christsein im Alltag! Wer sich darauf einläßt, hat viel zu berichten, wenn er mit seiner Gruppe zusammenkommt. Wie sehr wird dadurch unser Leben erneuert und erfrischt.

Mancher Nicht-Christ, der einen Gottesdienst besucht, geht und sagt: nie wieder! Ein christlicher Gottesdienst muß jedem die Gelegenheit bieten, Gott zu sagen, wie gut es ist, daß es ihn gibt. Jeder, der einen Gottesdienst bereichert, ist willkommen. Menschen sollen ihre Erfahrungen, Erlebnisse und Gedanken aussprechen. Eine nur feierlich formale Versammlung – damit ist weder Gott gedient noch den Menschen. Gemeinschaft untereinander und mit Jesus Christus ist der Weg, der uns auch schwere Zeiten und Konflikte überstehen läßt. Echte Christen können sich nicht nur mit sich selbst beschäftigen; sie wollen und müssen dasein füreinander und für andere.

Als Jesus auf dieser Erde war, hatte er ein Lieblingsthema. Wo er ging und stand, redete er vom Reich Gottes. Wer ihm zuhörte und ihn erlebte, der begriff schnell, worum es ging. Das Reich Gottes beginnt dort, wo Menschen sich einigen lassen durch Jesus Christus, der ihr gemeinsamer Herr geworden ist. An dieser Möglichkeit vorbeizugehen, heißt, sie in Wirklichkeit zurückzuweisen. Darauf sollten wir es nicht ankommen lassen. Noch gilt Gottes Angebot.

LIEBE

kann nicht allein bleiben.
Sie verfügt über eine entwaffnende Anziehungskraft.
Liebe erreicht ihr Ziel, wo Menschen eins werden untereinander und echte Gemeinschaft pflegen.

15
LIEBE – DOCH EIN GEFÜHL?

*„Freut euch mit denen, die sich freuen.
Tragt mit am Leid derer, die betrübt sind."*

Sie war 55 Jahre alt und eine Witwe. Jene Frau, die in Chicago wohnte. Ihr Leben endete, als sie aus dem zwölften Stock ihres Appartementhauses sprang. Sie schaute noch einmal um sich, winkte dem Hausmeister zu, er solle zurückbleiben, und dann sprang sie. In ihrem Zimmer fand man folgende Notiz: „Ich kann das Alleinsein keinen Tag länger ertragen. Freunde habe ich nicht. Niemand schreibt mir, keiner ruft mich an. Ich halte das nicht mehr aus."

Ihr Nachbar sagte: „Wir haben das nicht gewußt."

Dieser Nachbar sprach aus, was wir alle wissen: Auch Christen können in der Liebe versagen. Die Gefühle eines Menschen nicht zu beachten heißt, an dem Menschen vorbeizuleben.

Menschliche Liebe drückt sich auch in Gefühlen und Empfindungen aus. Gefühle verbinden sich mit unseren Hoffnungen, Träumen und Problemen. Und es sind auch Gefühle, in denen sich unser eigenes Leben auf das Leben anderer einstellt, zum Guten oder zum Schlechten.

Menschen sind Geschöpfe mit Gefühl. Würden bei der Wahl des Lebenspartners nur Vernunft und Logik eine Rolle spielen, könnte man die Entscheidung einem entsprechend programmierten Computer überlassen. Die meisten jedoch verzichten auf logisches Denken, wenn sie verliebt sind. Ein Mensch heiratet, weil er oder sie fühlt, sein Gegenüber gefunden zu haben. Die Checkliste unserer Idealvorstellungen ist plötzlich gegenstandslos geworden.

Was wäre unsere Arbeit ohne die Freude über den Erfolg, ohne Spaß an der Leistung? Eine reine Schinderei. Erkalten in einer Ehe die Gefühle füreinander, so ist dies der Anfang vom Ende. Mann und Frau können Gedanken, Religion, Bankkonto, Tisch und Bett miteinander teilen und dennoch Fremde bleiben. Liebe befähigt uns, an den Gefühlen des anderen teilzunehmen und ihn teilnehmen zu lassen. Erst dann darf man vom Glück der Ehe sprechen, das diesen Namen verdient.

Was ich gefühlsmäßig für einen Menschen empfinde, kann wichtiger sein als das, was ich über ihn denke. Ganz nebenbei sind natürlich meine persönlichen Interessen, meine beruflichen und häuslichen Fähigkeiten sowie meine äußere Erscheinung nicht ganz unwesentlich; aber das alles steht in keinem Verhältnis zu dem, was meine Frau für mich als Ehemann gefühlsmäßig empfindet. Sie kann so viele gute Gefühle für mich haben, daß es ziemlich belanglos ist, ob ich mich in Finanzfragen auskenne oder Klavier spielen kann. Selbst meine schiefe Nase spielt keine entscheidende Rolle für unsere Ehegemeinschaft.

Welchem Freund vertrauen wir am meisten? Ist es

nicht der, der uns gefühlsmäßig am nächsten steht? Psychologen sind sich darin einig, daß Gefühle – gute und weniger gute – in unserem Leben ausschlaggebend sind. Um einen Menschen gut zu kennen, muß man seine Gefühle kennen. Mach dich mit den Gedanken eines Menschen vertraut, und du kannst mit ihm über seine Pläne und Ziele sprechen. Lerne seine Gefühle kennen, und du kennst sein Herz.

Unsere Zeit glaubt, es sich nicht leisten zu können, auf Gefühle Rücksichten zu nehmen. Ideen sind gefragt, Pläne und Konzepte! Es gibt viele Anzeichen, daß der Mensch die kalte Welt des Verstandes satt hat. Er sucht Verbindungen, in denen er selbst Gefühl zeigen und an den Gefühlen anderer teilnehmen kann. Feinfühlig auf andere zugehen, ihre Gefühle mitempfinden – das ist nur eine andere Umschreibung für Liebe. Die Bibel drückt das so aus: „Freut euch mit den Fröhlichen und weint mit den Weinenden." (Römer 12,15.)

An Jesus Christus können wir das beobachten. Er identifizierte sich mit den Gefühlen anderer. Durch sein Verhalten verströmte er Liebe und Mitgefühl in allem, was er tat. Unsere menschliche Natur nahm er nur an, um unseren Nöten besser begegnen zu können. Die Armen der Gesellschaft und ihre Außenseiter scheuten sich nicht, den Kontakt mit ihm zu suchen. Besonders Kinder hatten es ihm angetan. Kinder haben ein Gespür für Leute, die ihnen freundlich und geduldig entgegenkommen. Sie haben es im Gefühl, wer sie wirklich liebt. Jesus ging an keinem Menschen vorüber, mochte er in der Gesellschaft noch so wenig angesehen sein.

Wer liebt, kann sich in andere Menschen hineinversetzen. Er versucht, ihre Gefühle nachzuempfinden, ihre Schwierigkeiten, Enttäuschungen und ihr Leid zu verstehen. Freundschaft entsteht und lebt davon, daß Menschen auch gefühlsmäßig aufeinander zugehen.

Dabei liegt es in unserer Natur, daß wir die Verbindung mit anderen suchen, weil wir unsere eigenen gefühlmäßigen und körperlichen Bedürfnisse befriedigen wollen – nicht weil wir für den anderen dasein wollen. Darum steht die Liebe allem entgegen, was mir meiner Natur nach am meisten liegt.

Wir lieben Dinge und benutzen Menschen, anstatt Dinge zu benutzen und Menschen zu lieben. Wer sich um andere wirklich kümmert, der hört auf, sie als Objekte für seine eigenen Ziele zu benutzen und zu behandeln.

Unser Interesse an Menschen hängt in der Regel davon ab, welche Gefühle sie in uns wachrufen. Jesus sieht es genau umgekehrt. Er will, daß wir uns bewußt machen, welche Gefühle wir in anderen Menschen auslösen. Das wird uns unserem Ziel ein Stück näher bringen, einen Menschen so zu sehen, wie Gott ihn sieht.

Und das kann schwierig sein. Denn wir ziehen es natürlich vor, über unsere eigenen Gefühle zu sprechen. Und es fällt uns von Natur aus schwer, die unangenehmen Empfindungen eines anderen nachzuvollziehen. Die gleichen Empfindungen treffen ja nicht immer aufeinander. Wenn wir auf dem Weg zu einer fröhlichen Fete mit Freunden jemanden treffen, dem seine Schwierigkeiten über den Kopf gewachsen sind, dann fällt es uns schwer, seine Situation nachzuvollziehen. Ihm ist nach Weinen zumute, während wir auf Lachen eingestellt sind. Das „Weinen mit den Weinenden", wie Jesus es uns empfiehlt, fällt also mitunter schwer.

Im Grunde schließt die Freiheit, die wir meinen, nicht nur das ein, was uns gefällt. Von Natur aus sind wir auch nicht sehr begeistert, in die Probleme anderer Leute verwickelt zu werden. Wer sich jedoch für die Liebe entscheidet, der nimmt auch dieses Wort der Bibel ernst: „Jeder achte nicht nur auf das eigene Wohl, sondern auch auf das der anderen." (Philipper 2,4.) Und an anderer Stelle: „Keiner von uns lebt sich selber!" (Römer 14,7.)

Gott hat die Menschen so erschaffen, daß sie voneinander abhängig sind. Wir brauchen uns gegenseitig – körperlich, geistig und seelisch. „Zwei sind besser als einer allein", steht in der Bibel. „Denn wenn sie hinfallen, richtet einer den anderen auf. Doch wehe dem, der allein ist, wenn er hinfällt, ohne daß einer bei ihm ist, der ihn aufrichtet." (Prediger 4,10.) Gott erwartet von uns, daß wir diese Abhängigkeit nicht als lästiges Übel betrachten. Vielmehr soll sich einer dem anderen liebevoll zuwenden.

Natürlich stoße ich dabei auf viele Menschen, die mir eigentlich gar nicht liegen, mit denen ich mich am liebsten nicht einlassen würde – am Arbeitsplatz, in der Nachbarschaft, in der Kirche. Meine Neigungen raten mir spontan, auf Distanz zu gehen.

Es kann sein, daß wir solchen Menschen im Lauf der Zeit wenigstens so nahe kommen, daß unsere Gefühle keine Einwände mehr erheben. Wir kommen sogar ganz gut mit ihnen aus, aber damit hat es sich dann auch schon. Nur ja keinen Schritt weitergehen, der die Verbindung vertiefen könnte. Den anderen zu lieben? Soweit wagen wir noch nicht zu gehen.

Denken wir darüber nach. Es gibt also Menschen, zu denen wir uns nicht hingezogen fühlen. Und nicht selten warnen uns sehr gesunde Empfindungen in uns, zurückhaltend zu sein. Manch einer, mit dem ich mich einlasse, kann für mich zu einer Gefahr werden. Vielleicht bringt er mich auch bloß in Verlegenheit. Aber es könnten doch auch falsche Abhängigkeiten entstehen, oder nicht? Wir sehen: Gefühle können ein heikles Pflaster sein. Diese Einsicht sollte uns dennoch nicht dazu veranlassen, das Kind mit dem Bade auszuschütten.

Nicht umsonst nennt man unsere Zeit eine „Eiszeit der Gefühle". Wenn wir eines beherrschen, dann ist es Zurückhaltung. Es ist uns zur zweiten Natur geworden, unbekannten Menschen kühl, nüchtern und distanziert zu begegnen. Ja keine Gefühle zeigen!

Ein Mensch, der weder seine eigenen Empfindungen ausdrücken noch die Gefühle anderer beachten kann, der lebt nicht wirklich, und er hat von Liebe wenig Ahnung. Denn je mehr wir eigene Empfindungen weitergeben und auf die Empfindungen anderer reagieren, desto liebesfähiger werden wir. Und wir versagen kläglich, wenn wir in bezug auf Gefühle die Antenne einziehen, weil wir weder empfangen noch senden wollen.

Ich erinnere mich an einen Tag, der sehr verheißungsvoll begann. Der Himmel schien mir besonders blau zu sein, für den Gesang der Vögel hatte ich ein feineres Ohr als sonst. Völlig aufgeregt ging ich in die Klinik. Alles war gut verlaufen. Meine Frau hatte wenige Tage zuvor ein Baby bekommen. Heute durfte ich beide nach Hause holen, um unseren Sohn seinen Großeltern vorzustellen. Freunde, das Leben erschien mir lebenswert!

Ich war Seelsorger an diesem Krankenhaus. Reine Routine ließ mich an der Pforte kurz die Namensliste der Patienten durchgehen. Ich notierte mir den Namen einer Neueinlieferung vom Vortag. Die Patientin, eine Frau etwa in meinem Alter. Wie meine Frau war sie gelernte Krankenschwester, sie war mir sogar flüchtig bekannt. Ich nahm nicht an, daß ein so junger Mensch wie sie wegen einer ernsthaften Krankheit eingeliefert worden war. Ich freute mich auf ein angenehmes Gespräch mit einem Menschen, mit dem ich mich sicher gut verstehen würde. So betrat ich ihr Zimmer.

Als ich mich der neuen Patientin als Krankenhausseelsorger vorgestellt hatte, begrüßte mich das reizende junge Mädchen mit einem freundlichen Lächeln. Sie saß in einem Sessel an der Sonne und las in einem Buch. Ihr braungebranntes Gesicht und ihre Gelassenheit schienen meine Annahme zu bestätigen, daß ihr medizinisches Problem relativ klein sei. So waren wir schnell im Gespräch. Wir sprachen über das Krankenhaus und machten unsere Späße darüber, daß sich jede Schwester in der Pflege vorsehen müsse, da sie eine Sachverständige betreute.

Nach einer Weile wurde die junge Frau sehr still. Sie sah mich an und meinte: „Vielleicht wundern Sie sich, warum ich hier bin. Ich habe Krebs. Als er entdeckt wurde, war er schon in einem weit fortgeschrittenen Stadium. Die Ärzte tun alles, was sie können, um ihn einzugrenzen, aber sie haben mir gesagt, daß alles nur noch eine Frage der Zeit sei."

Ich war wie gelähmt und vor den Kopf geschlagen. Nicht im geringsten war ich auf das Furchtbare gefaßt gewesen. Ein hübsches junges Mädchen – den Tod vor Augen!

Diese Patientin hatte mir so sehr vertraut, daß sie bereit war, mit mir über ihre erdrückende Last zu sprechen. In ganz einfachen Worten hatte sie mir etwas gesagt, was ihr äußerste Sorgen verursachte, etwas, das zutiefst ihre Gefühle bewegte. Wie würde ich darauf reagieren? Was würde ich sagen?

Zuerst entstand eine Pause, die mir schrecklich lange vorkam. Dann Fragen von mir, die die Frau ruhig beantwortete. Ob mein Besuch ihr wirklich geholfen hat – ich weiß es nicht; ich bezweifle es und könnte mich dafür ohrfeigen. Nach einem Gespräch, das mir nicht leichtgefallen war, verließ ich sie.

Heute kann ich mir kaum vorstellen, wie jemand im Mitgefühl erbärmlicher versagen kann als ich damals. Anstatt auf ihre Gefühle wirklich einzugehen, war ich nur mit meinen eigenen beschäftigt. Was sie mir mitgeteilt hatte, war mir unangenehm und machte mich unglücklich. Ich schreckte zurück. Ich war unfähig, die Herausforderung anzunehmen oder mich in diese Auseinandersetzung der Gefühle hineinziehen zu lassen. So ging ich mehr oder weniger einfach darüber hinweg.

Auch wenn vielleicht manches davon meiner Unerfahrenheit und der damaligen Situation zugute gerechnet werden kann, so bleibt doch dies unterm Strich: Ich habe einem Menschen in der Stunde seiner größten Not keine Beachtung geschenkt. Jede Möglichkeit, dieser jungen Frau wenigstens gefühlsmäßig zu helfen, habe ich ausgeschlagen. Was ich ihr hätte sagen können? Auf die Worte wäre es gar nicht angekommen. Wenn ich ihr nur das Gefühl gegeben hätte, an ihrer furchtbaren Sorge nicht nur äußerlich und berufsmäßig, sondern auch mit meinen ganzen Empfindungen beteiligt zu sein. Das ist der Schlüssel für unsere Beziehungen zueinander.

Liebe macht sich die Gefühle eines anderen bewußt. Ich hätte dieser Krankenschwester zeigen sollen, daß ich versuchte, wenigstens ihre Gefühle nachzuempfinden. Und ich hätte sie in angemessener Weise auch wissen lassen können, was in mir gefühlsmäßig vorging. Damit hätte ich ihre Gefühle an die erste Stelle gesetzt, anstatt nur an mich zu denken und an mein eigenes Unbehagen. Wenn ich versucht hätte, ihre Situation ehrlich auf mich selbst zu übertragen, dann wäre mir ein Licht aufgegangen. Ich hätte erkannt, daß sich ein Mensch in dieser Situation nicht nur um sich selbst sorgt, sondern auch um alle, die er liebt. Ein Wort über meine Gefühle hätte den Weg zwischen uns öffnen können. Sie hätte dann verstanden, daß ich wenigstens versuchte, mir ihrer Gefühle bewußt zu werden. Und sie hätte begriffen, daß ich offensichtlich bereit war, ihre schreckliche Last mitzutragen. Bestimmt wäre sie dann frei geworden, über alles zu reden, was ihr am Herzen lag. So wäre vielleicht sofort zwischen uns ein echtes Vertrauensverhältnis entstanden. Auf dieser Basis hätte ich ihr dann Gottes Wort ausrichten und ihr helfen können, sich auf Gottes Liebe bedingungslos zu verlassen. Wo dieses Vertrauen nicht besteht, erscheinen Worte der Bibel wie leere, hohle Phrasen. Ein Grund, warum es heute vielen so schwerfällt, sich mit der Bibel einzulassen.

An jenem Tag habe ich nicht nur eine Gelegenheit verpaßt – ich habe Liebe nicht gelebt. Ich kann niemandem sagen, wie froh ich bin, daß sich zwischen dieser jungen Frau und mir weitere Gesprächsgelegenheiten ergaben, bei denen dieses gegenseitige Vertrauensverhältnis entstand. Ich könnte heute sonst nicht so unbefangen über dieses Erlebnis sprechen, vielleicht wäre sonst mein ganzer Berufsweg anders verlaufen.

Wenn ein Mensch bereit ist, buchstäblich sein Herz vor uns auszuschütten und seine wahren Gefühle zu zeigen, dann ist verweigerte Anteilnahme ein Verbrechen. Die jeweilige Situation mit ihren Problemen und Verwicklungen können wir in den seltensten Fällen wirklich ändern. Dennoch ist Mitgefühl nicht nur ein Notbehelf. Selbst wenn die Probleme bleiben, kann sich die Situation grundlegend ändern, weil der Mensch durch unsere Liebe und unser Mitempfinden ein neues Verhältnis zu den Dingen gefunden hat.

Ein Pastor wurde einmal gebeten, Eltern eine tragische Mitteilung über ihren zwölfjährigen Jungen zu überbringen. Er war bei einem Schulausflug ertrunken. Niemand war imstande, zu den Eltern hinzugehen. So bat man einen Geistlichen um diesen Dienst. Über das Gespräch sagten die Eltern später: „Der Mann hat uns keine Predigt gehalten und auch keine Bibeltexte vorgelesen. Er hat uns auch nicht gesagt, wir sollten tapfer sein. Er brach in Tränen aus und weinte mit uns. Dafür werden wir ihn immer lieben." Wenn Menschen ihre Empfindungen mit anderen teilen, dann teilen sie tatsächlich ihr Innerstes mit ihnen. Mehr kann man in einer zwischenmenschlichen Beziehung nicht geben. Natürlich ist es viel leichter, Geld zu geben oder Überzeugungen anzubieten. Was Menschen wirklich brauchen, ist tiefe, offene Gemeinschaft, die unser ganzes Wesen und die Welt unserer Gefühle umfaßt.

Es stimmt: In oberflächlichen Beziehungen wird man das nicht erleben. Es kann sein, daß wir geistig und körperlich gefordert werden bis zum Letzten. Aber eben darin erleben wir, was Gott meint, wenn er von Liebe spricht. Er sagt uns nicht nur, was wir tun sollen; er verhilft zu Wachstum und Reife in der Liebe.

Gefühle zeigen und auf die Empfindungen anderer eingehen – dabei muß man sehr auf der Hut sein. Zu leicht verfallen wir in das egoistische Interesse, nur die eigene Neugier befriedigen zu wollen. Prüfen wir uns gut, ob unsere gefühlsmäßige Anteilnahme einzig und allein aus dem Beweggrund der Liebe kommt. Das ist ein großer Unterschied.

Halten wir uns dieses bedeutende Prinzip zwischenmenschlicher Beziehungen noch einmal vor Augen. Menschen gehen gefühlsmäßig aufeinander zu und verbinden sich zum Positiven oder zum Negativen hin. Durch unsere Gefühle nehmen wir Anteil aneinander, verkehren wir miteinander. Indem wir die Gefühle des anderen verstehen lernen, erfahren wir auch mehr über uns selbst. Aus diesem wechselseitigen Verständnis heraus können wir einander viel bedeuten.

Wir beobachten das deutlich an Jesus Christus selbst, wie er auf seine zwölf Jünger einging. Von ihrem Wesen und ihren Veranlagungen her waren das sehr unterschiedliche Menschen. Und doch sollten sie den Anfang machen, der ganzen Welt das Evangelium weiterzusagen. Dabei waren sie sehr aufeinander angewiesen. Jesus wollte deshalb diesen Männern helfen, in ihren Empfindungen, Gedanken und Zielen einig zu sein.

Diese zwölf Männer stehen uns nicht so weit entfernt, als daß wir nicht Wesentliches von ihnen lernen könnten. Wer in der Lage ist, seine Gefühle zu zeigen, der kann auch über seine Empfindungen für Gott unbefangen sprechen. Wir lernen Gott verstehen, wenn wir solchen Menschen begegnen. Viel zu lange haben sich Christen darauf beschränkt, nur die Lehren weiterzugeben, von denen sie überzeugt waren. Und es fiel ihnen schwer, der Welt etwas zu sagen von dem, was sie für Gott empfanden, um dadurch Vertrauen zu gewinnen. Die Welt will mit der ganzen Kraft unserer Gefühle geliebt werden, wie Gott diese Welt geliebt hat. Unser ganzer Mensch soll an dieser Liebe beteiligt sein – Wille, Verstand und Gefühl.

Wie gesagt: Christen haben sich oft darauf beschränkt, ihrer Umwelt die Lehre von Gott weiterzugeben. Ohne das Feuer der Liebe bleibt die reine Lehrverkündigung eine einseitige, trockene Angelegenheit. Kein Wunder, daß daran nur wenige Hörer interessiert sind. Ohne Liebe fehlt dem Reden von Gott die innere Glaubwürdigkeit.

Es gibt freilich auch eine Einseitigkeit der Liebe. So lieblos es ist, der Welt nur dürre Dogmatik und ausgefeilte Theologie anzubieten, so sehr kann man auch in eine gefühlsbetonte Schwärmerei verfallen, wenn man als Christ der Welt die Lehre Gottes vorenthält. Gott will mir schon hier ein erfülltes Leben ermöglichen. Und er zeigt mir den Weg zu seinem Reich. Dazu gibt er verbindliche Anweisungen in seinem Wort, der Bibel. Wer Gott liebt, kann an seiner Lehre, wie wir sie im Wort Gottes finden, nicht achtlos vorbeigehen.

Es ist bestimmt nicht leicht, dies alles zu verwirklichen. Gesellschaftliche Zwänge und eigene Hemmungen machen es uns schwer, zu sagen, was wir denken, zu zeigen, was wir fühlen. Wenn uns an anderen Menschen wirklich liegt, müssen wir uns den Zwängen von außen entziehen. Und wir können auch unsere inneren Hemmungen überwinden. Die Brücke, die über tiefste menschliche Abgründe hinweg zum Menschen führt, heißt Liebe. Wer ja sagt zum Mitmenschen, und wer sich selbst bejaht, wird diese Brücke beschreiten.

Die Bibel umschreibt die Gefühlsarmut unserer Zeit so: „Die Menschen sind dem Leben, das Gott schenkt, entfremdet durch die Unwissenheit, in der sie befangen sind, und durch die Verhärtung ihres Herzens." (Epheser 4,18.) Und wie sagte Jesus?

„Weil die Mißachtung von Gottes Gesetz überhandnimmt, wird die Liebe bei vielen erkalten." (Matthäus 24,12.) Jesus Christus kam, um uns aus unserer Gleichgültigkeit wachzurütteln und uns zu heilen.

Eigentlich sind es einfache, für jeden nachvollziehbare Gedankengänge, die uns andererseits doch so schwerfallen: „Seid gütig zueinander, seid barmherzig, vergebt einander, weil auch Gott euch durch Christus vergeben hat." (Epheser 4,32.) Gott braucht Menschen. Er braucht sie hier und er braucht sie jetzt. Menschen, die sich von seinem Feuer entzünden lassen. Die bereit sind, die ihnen von Gott geschenkte Liebe aktiv auszudrücken und weiterzugeben.

Die kalte Distanz der Menschen, die in einem Hochhaus in einem Stadtteil auf engstem Raum zusammenleben, ist Ausdruck ihrer Gefühlsarmut. Mit dem Verstand, auf den wir uns so viel zugute halten, hat das herzlich wenig zu tun. Unsere Probleme liegen in den kalten Herzen. Das Feuer der Liebe Gottes kann neues Leben schenken; unsere kalte Welt kann wärmer werden. Viele unterstellen heute dem Christentum revolutionäre Ideen, weil es sich über die ganze Erde ausgebreitet hat. Das Christentum will keine Revolution im politischen Sinne sein. Wenn es ihm dennoch gelingt, die Welt zu durchdringen, dann ausschließlich durch die Dynamik der Liebe. Gott sucht keine Vertreter, die mit Lehrsätzen handeln; er sucht Repräsentanten und Experten seiner Liebe.

Wenn wir uns darauf einlassen, kann es sein, daß sich unsere Wünsche, Gedanken und Pläne ändern. Gott wird uns einen neuen Blick schenken für die Welt, in der wir leben. Und er wird uns die nötige Energie geben, um den Menschen und ihren Problemen zu begegnen. Gott kann unsere Liebesfähigkeit und die Kraft unserer Gefühle erneuern.

Unsere Welt hat heute vieles nötig. Nichts braucht sie so sehr wie eine weltweite Demonstration der Liebe Gottes. Gott wartet darauf, daß das echte Christentum der Liebe wieder lebendig wird. Durch seinen Geist will Gott in deinem Leben alle Voraussetzungen dafür schaffen.

„Denn das ist die Botschaft, die ihr von Anfang an gehört habt: Wir sollen einander lieben. Wenn wir einander lieben, bleibt Gott in uns, und seine Liebe ist in uns vollendet." (1. Johannes 3,11; 4.12.)

LIEBE
weiß, was weh tut.
Sie hört auf, Menschen als Objekte für ihre eigenen Ziele zu benutzen.
Liebe ist das Einzige, was größer wird,
je mehr man davon verschenkt.

ZEICHEN DER ZEIT ist so vielseitig wie das Leben selbst

ZEICHEN DER ZEIT ist eine Zeitschrift, die dem Leser hilft, unsere Zeit und das Schicksal der Welt besser zu verstehen. Sie greift Fragen auf, denen sich heute jeder stellen muß.

ZEICHEN DER ZEIT zeigt, daß es sich schon in dieser Welt lohnt, als Christ zu leben. Jeder soll das erfahren.

ZEICHEN DER ZEIT berichtet über alle Lebensbereiche: Familie, Beruf, Gesundheit, Erziehung, Sport, Zeitgeschehen. Berichte und Interviews zeigen unser Leben im Spiegel der Bibel.

ZEICHEN DER ZEIT erscheint zweimonatlich im handlichen Format 13 × 19 cm und kommt direkt per Post zu Ihnen ins Haus.

ZEICHEN DER ZEIT ist zu beziehen durch:

Saatkorn-Verlag GmbH, Postfach 13 22 15, D-2000 Hamburg 13
Advent-Verlag, CH-3704 Krattigen
Wegweiser-Verlag GmbH, Nußdorfer Straße 5, A-1090 Wien

Bessere Gesundheit — mehr Lebensfreude

„Leben und Gesundheit" ist gemacht für Menschen, die sich bewußt sind, daß Vorbeugen besser und billiger ist als Heilen. Gesundheit ist nicht selbstverständlich. Sie muß gepflegt werden. „Leben und Gesundheit" will ihnen dabei behilflich sein.

Sie finden in dieser Zeitschrift viele Anregungen zu folgenden Sachgebieten:

- Natürliche Heilfaktoren
- Wasseranwendungen
- Pflanzenheilkunde
- Zivilisationskrankheiten
- Gesund sein auch im Alter
- Hygiene, Psychohygiene
- Gefährdete Umwelt
- Suchtgefahren (Alkohol, Tabak, Drogen)
- Erziehungsfragen
- Moderne Ernährung und
- die Koch-Schule mit Rezepten

Zu beziehen durch:

Saatkorn-Verlag
D-2000 Hamburg 13

Advent-Verlag
CH-3704 Krattigen

Wegweiser-Verlag
A-1090 Wien

Zeitschrift zur Gesundung an Körper, Seele und Geist.

6 Hefte im Jahr
mit farbiger Koch-Schule
32 Seiten, 21 × 28,3 cm

Ausgabe Schweiz
Illustrierte Monatsschrift zur Verbreitung einer naturgemäßen Lebensweise

12 Hefte im Jahr
20 Seiten, 20 × 28 cm

- Ehe und Familie
- Gesundheit und Ernährung
- Glaube und Leben
- Kinder und Jugend
- Unsere Welt – gestern – heute – morgen
- Bilder der Bibel
- Bilder aus dem Leben

*
Bitte fordern Sie diesen Katalog
über das gemeinsame Verlagsprogramm an

Saatkorn-Verlag GmbH, Postfach 13 22 15, D-2000 Hamburg 13
Advent-Verlag, CH-3704 Krattigen
Wegweiser-Verlag GmbH, Nußdorfer Straße 5, A-1090 Wien